构树（饲用型）产业发展100问

邓华平 许新桥 编著
张红岗 王 伟

中国农业科学技术出版社

图书在版编目（CIP）数据

构树（饲用型）产业发展 100 问 / 邓华平，许新桥，张红岗，王伟编著. —北京：中国农业科学技术出版社，2017.1
ISBN 978-7-5116-2952-4

Ⅰ.①构… Ⅱ.①邓…②许…③张…④王… Ⅲ.①构树—林业经济—产业发展—中国—问题解答 Ⅳ.①F326.23-44

中国版本图书馆 CIP 数据核字（2017）第 005035 号

责任编辑	张孝安　白姗姗
责任校对	贾海霞
出 版 者	中国农业科学技术出版社
	北京市中关村南大街 12 号　邮编：100081
电　　话	（010）82109708（编辑室）（010）82109704（发行部）
	（010）82109703（读者服务部）
传　　真	（010）82106650
网　　址	http://www.castp.cn
经 销 者	各地新华书店
印 刷 者	北京富泰印刷有限责任公司
开　　本	787 mm×1 092 mm　1/16
印　　张	10.25
字　　数	260 千字
版　　次	2017 年 1 月第 1 版　2017 年 1 月第 1 次印刷
定　　价	100.00 元

版权所有·侵权必究

前 言
PREFACE

  构树是桑科构树属落叶乔木或灌木，与耳熟能详的桑树同为一科。构树是一种常见的乡土树种，在我国的分布区域广泛，资源十分丰富，但目前基本上处于野生半野生状态，或零星或片状散生在不同的立地类型，无论乡村还是城市人们尽管不会留意它的存在，但不经意间都会与它擦肩而过。构树给人们的印象总是那么充满生机、无处不在，总是散发着一般植物难以比拟的旺盛生命力。

  就是这么一个极其普通的树种，却浑身是宝，集多种用途于一身。构树植物不同的器官（枝、叶、果、根）或部位，可定向用做高档纸张、中草药、果汁饮品和茶叶的原料，而其全株利用做蛋白饲料则受到了更多的关注和认可。木本饲料是经济林木发展的一个分支，如同木本油料和生物质能源树种一样，但其产业却是一个值得开发而尚未得到充分开发的处女地，构树作为木本饲料的代表树种，在林木综合利用和饲料开发中已经显露出应占一席之地的潜质和强劲的发展势头。

  中国是个农业大国，粮食生产已实现"十二连增"，但高库存已达历史最高点，迫切需要推动供给侧结构改革，减少玉米等粮食作物种植面积，以应对去库存的压力。由此可见，作为畜牧业所需的能量饲料，玉米供给是充足的，但作为畜牧业所需的蛋白饲料在国内市场上却严重不足，对国外相关产品依赖性大，而且一些能够提供蛋白源的植物要么生物量不足，要么水土不服，种植的规模和面积都呈现停滞不前或逐年萎缩状态。实施"一退一进"是饲料粮未来发展的趋势。关乎民生的畜牧业发展呼唤新一代的木本饲料树种走进人们的视野和生活，也期盼构树及其相关产业能够有所作为！

  2020年要实现全民脱贫的目标，其他林木资源从现在起要赶上这趟车，取得产业扶贫的实效会面临更多的实际困难，而构树产业见效早，投资回报快，带动力强，构树产业扶贫成效值得期待。

构树产业是由政府、科研单位和公司共同造就的产业，它源于市场，也会更好地适应市场。从政策层面，构树产业和构树扶贫已得到认可；从技术层面，许多技术上的难题已得到解决或正在解决；而从实施操作层面，开始有越来越多的企业或合作社进入到构树产业的发展中来，人们期望看到的构树成就一个大产业的能量和脱贫致富的实效正在向我们走来。

2015年，国务院扶贫开发领导小组办公室（以下简称"国务院扶贫办"）将构树扶贫列为十大精准扶贫工程，是对构树产业发展的一个巨大利好，为构树产业实质性推进和构树产业扶贫提供了新的契机和思路。现在是构树产业发展的关键阶段，把构树这个普通的树种做成承载更多人希望的大产业是摆在我们面前的一项紧迫而又光荣的一件大事。

近几年来，围绕着构树产业"林—料—畜"各环节都取得了长足的进步，如种苗扩繁和丰产栽培配套技术的优化、采收机械的调试和改进、枝条节能和实用化处理以及构树畜禽养殖技术的提升，这些技术体系、工艺流程和机械设备每前进一步都为构树产业可持续发展提供了强有力的支撑。为了让更多人了解构树产业发展的新进展，分享行业内取得的新成果，避免重复性和不必要的尝试和摸索，让有志从事构树产业的人们在构树产业化的道路上走得更顺利些，我们把亲身经历、亲身感受的一些有代表性和有价值的问题进行汇总并予以解答，希望这些努力能对大家的工作有所帮助，起到抛砖引玉的作用。

构树产业是一个新兴产业，全产业链各环节都处在提升和优化的通道中。况且由于本书作者学识有限，能力有限，难以在各个领域对构树进行深入的探究，书中难免出现这样或那样的问题和不足，敬请批评和谅解，我们会在以后的工作中加以改正和完善。

本书在出版过程中，得到了中国扶贫开发服务公司、中国扶贫产业联盟、康盛时代（北京）生物技术公司、山西科尔沁农牧业有限公司等单位热情帮助和大力支持，在此深表感谢！

作　者

2016年10月

一、一般性问题

（一）构树扶贫工程被国务院扶贫办在2015年列为十大精准扶贫工程之一，而且构树还是种植业领域唯一被写进扶贫政策指导文件的植物树种，构树具有哪些特点而受到如此关注？ / 001

（二）构树产业的发展应当如何与当前扶贫工作有机地结合起来，实现农民增收、企业增效的目标？ / 005

（三）我国构树栽培和加工利用的现状如何？有多少家研究机构和经济实体开展了构树方面的研究和开发？有关领导和专家学者对构树造林及利用作出过怎样的评价？ / 006

（四）构树产业的发展经历了由高到低，再由低到高的过程，导致这种起伏的原因是什么？ / 008

（五）构树产业发展目前面临的主要问题是什么？应该从哪几个方面加以解决？ / 010

（六）近年来构树产业发展中主要突破点或显著进步表现在哪几个方面？ / 011

（七）在推进构树产业扶贫工程中，各级政府对相关企业或团体有否政策的扶持？ / 015

（八）构树产业的经济效益怎样？请从种植效益和养殖效益两个方面进行阐述。 / 016

（九）　构树尚未进入在农业部《饲料原料目录》中，对构树产业的发展是否会产生一定的影响？何时能够得到彻底的解决？／017

（十）　各地发展构树产业应遵循什么原则？规模种植和零星种植在经营方式上有何不同？／018

（十一）　国内外木本饲料开发利用情况怎样？其优势和劣势表现在哪些方面？饲用构树作为其中一员具有哪些特点？／020

（十二）　桑树和构树同为桑科，两者之间有何共性和个性？／022

（十三）　构树在全国大部分地区都有分布，是否可划分为最适宜区、适宜区、欠适宜区和不适宜区？各区的气候特点和适宜区的土壤类型是什么？／024

（十四）　构树集约化发展需要考虑哪些条件？／030

（十五）　构树是作为蛋白饲料的木本植物，它与作为蛋白饲料的草本植物——苜蓿相比有何优势？请从生物量、蛋白质含量、营养成分等方面进行阐述。／031

（十六）　构树开发属林业应用范畴，它与当下的主要的用材树种、木本油料树种和绿化树种相比，其发展的优势在哪？并举例说明。／033

（十七）　林光互补指的是什么？结合光伏发电进行构树种植的可行性和发展趋势怎样？／034

（十八）　构树具有较强的消纳土壤重金属的能力，有否在一些重金属含量超标的地区种植，在降低了土地重金属含量的同时，生产出的饲料达到国家允许的饲用标准的实例？并举例说明。／035

（十九）　我国饲料行业发展面临的挑战是什么？它给构树发展带来怎样的机遇？／036

（二十）　"粮改饲"是在什么背景下提出的？2016年中央财政下达10亿元专项资金开展试点工作，它对构树产业发展释放出什么信号？／037

二、构树苗木培育

（二十一）　适合构树产业化的苗木应该具备哪些基本要素？如何才能满足这些要素？／039

（二十二）　构树繁殖方式主要有哪些？不同的繁殖方式的特点是什么？不同的繁殖方式培育出来的苗木有本质区别吗？／040

（二十三）　每种林木的产业化都有其主流的繁殖方式？你认为哪种繁殖方式会是构树的主流繁殖方式？／045

（二十四）　构树不同的育苗方式今年都不同程度上出现了一些问题，主要原因是什么？应当如何解决？／046

（二十五）　构树组培如何降低玻璃化苗的出现几率？如何缩短或简化其出苗时间？／048

（二十六）　构树不同繁殖方式的育苗完成时间、育苗成本和育苗难易程度等方面都有所不同，能否给出

相应的排序以供参考？ / 049

（二十七）为什么提倡使用无纺布控根轻体容器苗（以后简称无纺布容器苗），它与传统的塑料营养钵相比有哪些优点？ / 050

（二十八）无纺布容器苗使用的基质成分是什么？优良育苗基质的基本特征是什么？ / 051

（二十九）构树育苗主要采用的育苗设施有哪些？适宜的光照、温度和湿度的条件是什么？应该如何判断和控制这些条件？ / 052

（三十）苗木在苗床培育过程经常会出现出苗不齐的现象，如何提高苗木的整齐度？如何确保出圃规格的一致性？ / 055

（三十一）选择怎样的无纺布容器规格、装筐的材质和筐体大小，才能保证苗木周转过程的正常生长和降低每株苗的运输成本？ / 056

（三十二）如何提高苗木出圃到运达造林地的苗木成活率？途中运输应注意哪些问题？ / 057

（三十三）设施育苗过程中，为保证扦插环境的卫生和清洁，应如何进行基质或土壤消毒，棚内空气消毒和植物材料消毒？ / 060

（三十四）育苗过程中，为减少植物材料的腐烂和污染扩散，应如何采取措施进行防范？ / 062

（三十五）嫩枝扦插过程中常出现僵苗现象，即根长出而腋芽迟迟不发，如何进行插前处理或问题出现后的处理？ / 063

（三十六）目前无纺布容器制作机的工作原理和主要机型是什么？与之配套的产品有哪些？其用途和规格是多少？ / 063

（三十七）构树容器苗的出圃规格和质量要求？ / 065

（三十八）促进构树生根/发芽的措施有哪些？请予以说明。 / 067

（三十九）植物扦插生根/发芽的机理是什么？构树愈伤组织和生根的关系是什么？ / 069

三、构树丰产栽培技术

（四十）为什么说生物量是构树栽培管理中最要优先考虑的指标？在构树栽培中应该从哪些方面加以落实？ / 071

（四十一）目前生产上使用的构树品种有哪些？规模化种植应该怎样进行选择和配置？ / 072

（四十二）容器苗种植专用的机械或工具有哪些？请分述之。 / 073

（四十三）构树生长过程中，一直伴随着杂草的滋生，如何有效地进行杂草防除？ / 075

（四十四）苗木的适宜栽植密度是多少？采用这种密度的优点是什么？密度不适宜会产生什么结果？ / 077

（四十五）在北方构树宜林区，容器苗何时栽植合适？为什么说一般应在7月中旬前栽植完毕？为什么

（四十六）苗木栽后，可能出现掉叶的现象，这是怎么回事？对后面的生长有否影响？如何避免这种现象的发生？ / 079

（四十七）苗木定植后是否要摘心，有什么好处？ / 080

（四十八）构树对畜禽的适口性强，对其他的动物，比如昆虫是否适口性也强，为何饲用构树的病虫害实际发生几率并不高呢？如果发生了病虫害，应该如何处理？ / 081

（四十九）苗木一年生长收割的次数如何确定，是否采收的次数越多越好？ / 081

（五十）在我国北方种植构树冬季要采取的防寒措施有哪些？以北京地区构树越冬为例进行说明。 / 083

（五十一）构树枝叶采收后露出大面积根桩，根桩萌出不定芽并长出新梢需要一段时间，在这段时间里，由于绿量减少，单位面积光合作用效能降低，如何通过适当的途径在最大程度上减少这种现象的发生。 / 084

（五十二）构树枝条生长过程中蛋白质含量的大致变化怎样？ / 086

（五十三）构树根桩预留高度对萌芽和生长的影响？一般根桩预留高度多少为宜？ / 086

（五十四）构树品种间性状的差异显著吗？构树还有一些黄叶或其他叶色品种，它们适合用做饲用原料吗？ / 087

（五十五）构树实生苗和品种苗生长表现有何不同？选择实生苗会出现什么问题？ / 090

（五十六）构树逐年采收是否会出现退化现象？如何解决种植后构树的更新扶壮问题？ / 090

四、构树枝叶采收、粉碎和烘干

（五十七）构树枝条采收以株高多少刈割为好？其依据是什么？ / 091

（五十八）构树收割机械主要有哪些机型？它们的使用效率如何？ / 092

（五十九）常用的构树枝叶粉碎机械有哪几种？它们的粉碎效果和主要用途是什么？ / 094

（六十）能否介绍一下目前正在使用的构树大型烘干设备的工作原理和过程？ / 096

（六十一）构树原料或成品的烘干程度可否用含水量来表示？含水量达到多少才能进行安全存放而不至于霉变？含水量过高或过低会导致什么结果？ / 097

（六十二）目前构树干粉制作主要有两种生产流程，一种是构树枝叶收割后，把割下的枝条放在根桩上自然晾干，然后再进行1~2次粉碎，直至达到合适的细度或粒径；一种是构树枝叶机械收割并粉碎后，稍加晾干就进行机械烘干，最后再经过粉碎机生产出需要的产品，能否给出两种机械烘干方式可能存在的问题？ / 098

五、构树饲料的加工和处理

（六十三）山西省农业科学院制定出了我国第一部省级《构树饲料标准》，其主要内容是什么？ / 101

（六十四）目前对主栽构树品种的营养价值评定如何？ / 102

（六十五）构树饲料常用名词及营养指标 / 103

（六十六）何谓青饲料？青饲料的作用和饲喂对象是什么？ / 104

（六十七）何谓青贮料？构树青贮料的优缺点？青贮期间各个阶段的变化是什么？ / 105

（六十八）青贮料的制作方法有哪些？ / 106

（六十九）青贮料制作和使用过程的要点是什么？ / 107

（七十）青贮裹包常用到两种裹包机，即液压裹包机或拉伸膜裹包机，它们在使用过程中各有什么利弊？ / 108

（七十一）青贮过程是否需要添加发酵剂？不添加会出现什么结果？ / 109

（七十二）何谓发酵料？发酵料的原理是什么？ / 110

（七十三）为什么发酵料要加入发酵剂？发酵剂由什么菌种组成？ / 111

（七十四）发酵饲料的制作过程和注意事项？ / 111

（七十五）发酵料使用的塑料袋有什么特点？塑料袋上的气孔起什么作用？ / 112

（七十六）青绿饲料磨浆系统是构树饲料处理不可或缺的操作系统之一，它主要由哪几个部分组成？它的功效如何？ / 113

（七十七）构树干粉在需要时也可加工成发酵料，干粉与发酵料在营养成分等方面的差异怎样？ / 114

（七十八）构树常规饲料主要有哪些类型？其制作过程和应用是怎样的？ / 114

（七十九）构树青贮饲料饲喂应注意哪些问题？ / 116

（八十）影响构树饲用性或饲料品质的主要因素是什么？ / 117

（八十一）构树饲料产品的特征标识要求？ / 117

（八十二）对构树饲料成分进行检测有一定的差异？如何客观地看待这些检测结果？ / 118

（八十三）对构树枝条进行机械化处理的主要工艺流程有哪些？并予以说明。 / 118

（八十四）构树饲料存在的主要问题是什么？ / 120

六、构树饲料应用与畜禽品质评价

（八十五）饲用构树属广谱性饲料，都在哪些畜禽养殖中使用过？饲喂的效果如何？ / 121

（八十六）构树饲料养殖的肉类品质主要有哪些指标？其含义是什么？ / 122

（八十七）构树饲料饲喂牛的效果怎样？ / 123

（八十八）构树饲料饲喂肉羊的效果怎样？ / 125
（八十九）构树饲料饲喂生猪的效果怎样？ / 127
（九十）构树饲料饲喂肉鸡/蛋鸡的效果怎样？ / 129
（九十一）构树单纯发酵和混合发酵，发酵的效果有何不同？营养成分发生了怎样的变化？ / 132
（九十二）畜禽养殖的饲料配方一般由几部分构成？构树饲料饲喂畜禽饲养方案制定的一般流程？ / 132
（九十三）反刍动物和非反刍动物，构树饲料的添加比例最大能达到多少？ / 133
（九十四）奶牛在夏季产奶量降低，对牛奶检测中常常出现体细胞升高和蛋白质下降的现象，喂食构树后，两项指标均有好转，能否给予解释？ / 133
（九十五）衡量畜禽产品的品质主要有哪些指标？使用构树饲料喂养畜禽，需要多长时间肉品质才能够得到明显的改善？ / 134
（九十六）喂过构树饲料的畜禽，其粪便减少和异味减轻，有什么科学依据吗？ / 135
（九十七）国家权威部门是否对构树饲料喂养与普通饲料喂养的肉质品质做过检测？请以实例说明和比较检测结果。 / 135
（九十八）发酵料是畜禽养殖一个重要的方面，构树发酵料对畜禽的喂食量的增加和肉质品的提升有多大作用？请以实例说明。 / 137
（九十九）构树发展与畜禽养殖有一定的关系，畜禽养殖方面有哪些规律可供参考？ / 139
（一〇〇）种养一体化或生态循环养殖是如何实现的？构树种植怎样在其中发挥作用？ / 142

附录1 构树产业相关企业及产品介绍 / 143

附录2 构树其他产品介绍 / 149

附录2-1 构树古法造纸主要流程的图示 / 149
附录2-2 构树在石漠化地区生长情况图示 / 150
附录2-3 与构树有关的副食品图示 / 151

参考文献 / 152

一、一般性问题

> （一）构树扶贫工程被国务院扶贫办在2015年列为十大精准扶贫工程之一，而且构树还是种植业领域唯一被写进扶贫政策指导文件的植物树种，构树具有哪些特点而受到如此关注？

一个树种是否具有特定的利用价值和价值的高低是由该树种的自然属性、其产业化推进过程中涉及技术的成熟程度以及终端产品消费市场的大小而决定的。构树是一个十分普通的树种，之所以能引起人们的广泛关注，无非是看准了构树本身具有鲜明的特性和独特的作用，具备能够承载更多人希望和孕育更大产业的潜质。多年来的实践证明，一个有特色有分量的树种不仅能够造就一个大产业，而且能够造福一方百姓，就像我国北方杨树的兴起带动了人工用材林的蓬勃发展，而我国南方油茶的兴起带动了木本粮油的迅猛发展一样，它们都对促进县域经济的发展，农村产业结构的调整和农民致富起到了积极的作用（图1-1）。

2016年，石漠化地区扶贫攻坚座谈会是继2015年全国构树扶贫工程推进会后的又一次构树行业的盛会，国务院扶贫办主任刘永富主持会议，8个省（区、市）的领导和有关人员列席了会议。构树产业发展再次吹响了集结号。

图1-1 全国石漠化地区脱贫攻坚座谈会会场

构树及构树产业相关特性归纳如下。

1. 构树的自然属性（图1-2）

（1）生物学特性

① 生长快、生物量大。构树进入正常生长年份（一般第2年后），每年每亩可生产构树枝叶鲜重10吨左右。各地随着纬度和栽培管理水平不同而发生一定的变化。

② 萌蘖性强、发枝量大，耐刈割，一般每年可采收3~5次。一次种植，可多年多次采收。适时适度刈割有助于促进植物的新陈代谢，提高单位面积的产量。

③ 繁殖力强，可行种子、根、茎等多种繁殖方式。在城乡的路边、河边及山坡地时常可见由天然下种形成的大小不一的构树植株，它不经意间向人们展示出了这一乡土资源十分丰富和极其顽强的生命力。种子繁殖为构树开发利用提供了非常丰富和天然的基因资源，而多种无性繁殖方式为符合选育目标的构树品种进行数量上的快速增加提供了更多的途径。

④ 根系发达，再生能力强。当主根受损或根桩挖出后，侧根会重新长出新苗，代替

构树上游产业已经逐渐步入科学化、规范化和专业化的正确轨道，为新兴产业的雄起、成长的呵护和不断的壮大开了个好头。

图1-2 前进中的构树上游产业

旧苗继续生长，这为苗木生长后期的更新扶壮提供了一条重要的途径。

⑤ 株型上有乔木状或灌木状可供选择，功能上有观赏、绿化、药用、造纸和饲用可供选择，在生产上可根据不同的使用目的，有针对性地选择适当的株型或品种。

（2）生态学特性

① 适应性强，生态幅度宽。土壤的 pH 值从酸性、中性到碱性；土壤的肥力从贫瘠到肥沃；土壤的坡度从平地到浅山丘陵，都能看到构树的分布和生长。当然土壤条件好，构树生长就好；反之，则差。因而作为经济型树种进行开发利用时，要获得更多的收益回报，应尽可能选择土壤条件好的地块进行种植。

② 阳性树种兼具一定的耐阴性。构树是一个为数不多的喜光和耐阴的兼性树种，在林地覆盖、林层结构和使用上有了更多的选择：

在石漠化地区、裸露的山地或在煤矸石治理方面，构树可用做先锋树种先行栽植，为其他树种的进入创造好的生境。

在林下经济、光伏发电等有物体遮挡情况下，构树的耐阴性发挥了作用，使其也能正常生长，提高了土地的综合利用率。

（3）饲用特性

① 新型的木本饲料，蛋白质含量高，钙、铁、硒等元素丰富且均衡。构树虽不是唯一的木本饲料树种，但却是最适合开发利用的木本饲料树种。

② 适口性好，畜禽喜食。我国农村许多地方的早就有用构树喂养家畜家禽的习惯。

③ 构树饲料为广谱性饲料，可喂养猪、牛、羊、鸡、鸭、鹅、鱼等多种畜禽，无论

构树下游产业已接过上游产业的接力棒，开始发力。构树产业发展的 3 个主要环节"林—料—蓄"近年发展势头喜人，为打造构树利用从田间地头到百姓餐桌的全产业链铺平了道路。2016 年与往年的一个显著变化是当年种下的构树苗木长大后基本都得到了利用

图 1-3　前进中的构树下游产业

反刍的还是非反刍的，构树饲料饲养对象基本实现全覆盖。

④ 构树饲料形式多种多样，青饲料、青贮饲料、发酵料、颗粒料，既可就地使用，也可存放或远销。

⑤ 构树富含植物甾醇、黄酮类化合物、谷氨酸和适量的多酚等成分，喂出的畜禽肉质鲜美，口感好。构树饲料转化率高，动物吸收好，粪便量明显减少，臭味也显著降低。构树植株各器官具有保健功能的中药材原料，构树饲料养殖可以提高动物的抗病性，减少动物饲养过程对抗生素的使用和依赖。

⑥ 构树采用全株利用，一年数次刈割，使得偶尔带有病虫的枝条及时清除场外，减少了污染和传播的源头，病虫没有了生存场所和发生条件，构树的病虫害发生率就会自然降低，这样就避免了农药的过量使用，使生态养殖或无抗养殖（抗生素）成为易于实现的事情。

⑦ 构树采收后，露出一定的行距，为走车提供了方便，可选择这个时候进行有机肥施入，以减少畜禽粪便的堆积和粪便处理的工作量，为种养一体化创造条件，实现物尽其用，各取所需，循环生产。

2. 构树终端产品——饲料的市场（图1-3）

① 全国约有1/3的耕地与饲料粮有关，而且近年来由于人们膳食结构的改变，口粮消耗逐年减少，面临去库存的压力，而饲料粮的消耗在逐年增加。构树的终端产品为饲料，饲料市场空间大，价格稳定，与耕地农业向粮草兼用型农业转型趋势相吻合。

② 构树用途之一是提供蛋白饲料，而国内蛋白饲料的缺口大，很大程度上要依赖进口，构树饲料可以填补这方面的缺口。曾经依靠引种苜蓿来获得蛋白饲料，但因种植效益过低，即使政府每亩*补贴600元，也难以维持合理的经营利润，发展呈现萎缩的趋势，苜蓿让出的一部分市场也得有合适的植物树种或品种填补。

③ 木本饲料是草本饲料的部分替代和升级，正如木本油料树种生产出的食用油（油茶油、橄榄油）品质高于草本食用油（豆油、花生油），木本植物制浆品质高于草本植物制浆一样，用构树饲喂的畜禽，其品质也得到人们越来越多的认可，有理由相信，构树养殖将会成为提高肉制品奶制品品质的一项安全而有效的生物技术措施之一。换而言之，木本饲料是饲料行业的一场技术革命。

---

* 1亩 ≈ 667平方米，15亩 =1公顷，全书同

（二）构树产业的发展应当如何与当前扶贫工作有机地结合起来，实现农民增收、企业增效的目标？

产业扶贫就是通过特色支柱产业的培育，让产业各要素在贫困地区聚集，以市场为导向，联结农户，最终让贫困地区脱贫的一种扶贫模式。产业扶贫不同于其他专项扶贫模式，它的目的在于让被扶贫的地区和人们能够产生自我发展能力，待脱贫后，这些培育起来的产业能够让这些地区和人们能够向着更好的生活方向发展。

产业扶贫的基础是产业，只有把产业搞好了，产业扶贫才能取得实效达到目的，如果产业搞不好，产业扶贫只能是一句空话。在产业扶贫中要重点把握"两选好、一建好"：一要结合当地条件，把产业选好；二要选准带动能人，企业要有产业技术，有长远发展，有社会责任感；三要建好市场利益联结机制，最终让贫困户受益。

构树产业的产业链长，从种植到饲料加工再到养殖，它的长度和宽度足够大，具有成为特定区域形成主导产业的体量，是一个能够承载更多人希望，拉动当地企业和经济向前发展的大产业。构树产业与扶贫工作的紧密结合意义深远，是一件功在当下，利在千秋的大事。推进构树产业扶贫的几点要求：

1. 因地制宜，统筹安排，合理规划

各地根据实际情况制定构树产业规划，要与本地的养殖业、加工业、服务业的规划相协调，提出切合实际的构树产业发展思路和目标。

2. 培育新型经营主体，破解了贫困户产业发展带动难

既注重培育贫困户参与面大、市场前景看好的龙头企业，又大力扶持专业大户、家庭农场、农民合作社等新型农业经营主体，大力推行"公司＋基地＋贫困户""合作社＋贫困户""种养大户＋贫困户"等现代农业模式，探索出"引龙头、建基地、扶大户、带农户"的产业化扶贫之路，确保构树种得了，卖得出，把控市场风险，健全利益调剂机制，解决农民的后顾之忧，以点带面辐射带动越来越多的贫困户增收脱贫。

3. 用好用足扶持政策，争取各级政府和相关项目对构树产业扶贫的大力支持

在土地流转、种苗供应、基础设施和金融信贷等方面让贫困户享受更多的优惠，要尽可能与退耕还林还草、天然林保护等国家重大生态工程相结合，与农业部门等专项工程相结合，创造出让构树产业扶贫工作运行和让贫困户自身发展的良好的外部条件。

4. 科学技术是第一生产力

通过技术创新技术优化带动产业发展，同时对贫困户普通存在的文化水平低，生产技能低的情况，开展构树产业相关技术的培训，帮助他们掌握必要的种植或养殖技术，使他们成为新技术的使用者和受益者。

（三）我国构树栽培和加工利用的现状如何？有多少家研究机构和经济实体开展了构树方面的研究和开发？有关领导和专家学者对构树造林及利用作出过怎样的评价？

1. 我国构树栽培和加工利用的现状

（1）构树品种单一，丰产栽培技术实用性有待提高

当前构树产业主要使用的品种为杂交构树、日本光叶楮和一些实生树种，品种更新、升级和优化的工作急待解决，一个品种包打天下的局面不利于构树产业可持续性发展，亟待一些专用型、地域性的新品种问世，以满足不同使用目的和不同区域的构树生产的需要。可喜得是，一些饲用型构树、观赏型的构树和用材型的构树已经或正在通过审定（认定）以及植物新品种保护很快推向市场，构树品种百花争妍的局面指日可待。

构树丰产栽培技术涉及土地整理、栽植密度、肥水管理、杂草防除和病虫害防治等多项内容，是确保构树人工林造林和经营成功与否的关键，但是这些技术对构树生产并没有发挥应有的作用，一般地方还是凭经验和感觉进行构树生产，缺乏规范化的操作容易造成产投比失当，预期收益低于实际收益。以栽植密度为例，每亩有几百株的，也有2 000多株的，相对合理的栽植密度每亩（1亩≈667平方米。全书同）应在1 000~1 800株，低于这个密度，生物量不仅难以保证，而且后期收益也会大打折扣；高于这个密度，则会增加苗木的造林成本和不必要的浪费。

（2）生产规模偏小，生产形式简单

目前构树的生产规模以几十亩至几百亩的为主，上千亩的规模全国都没有几家，生产规模偏小，不利建成集约化的商品生产基地，难以形成规模化的效应，导致经营成本和产品价格居高不下。

未来构树的生产形式可以是多种多样的：

① 分散的农户，利用自有土地种植用来畜禽养殖，自产自用。

② 养殖区的农户，利用人工构树饲料林，补饲畜禽。

③ 构树饲料生产企业，以自种或公司+农户组织生产构树，其产品全部用于商品销售。

④ 农村专业合作社或中大型企业，利用优越的设施及管理条件，形成生产、加工和

养殖一体化经营模式。目前的生产形式尚处于初级阶段，形式简单，未来一个时期将会是多种形式并存，由初级形式向高级形式的转变之中。

（3）采收、加工和利用环节相对滞后

从构树全产业链来看，涉及林业和农业两个不同的行业，即构树产业的前端—良种和丰产栽培，以及构树产业的末端—采收、加工和利用。由于行业的跨度较大，构树产业的前端和末端发展不均衡，产业末端的发展落后于产业前端的发展，全产业链的技术整合和提升落后于实际需要，从而制约了整个产业链的健康而有序的发展。目前虽然人们都意识到产业末端的重要性，都在努力改变现状，但是限于构树的从业人员大都是从育苗开始进入到这个行业来的，精于产业前端的操作，但未必精于产业末端的操作，需要更多的精于产业末端操作的人才和技术加入到构树全产业链中，为构树产业注入新的活力和生命力。

（4）机械化半机械化对构树产业发展的促进

机械化半机械化在整个构树产业链中的作用日益受到重视，粉碎机、收割机、裹包机、烘干机、磨浆机都处在改进、调试和选型中，不同的生产流程和使用目的将这些机械联系起来，如青贮饲料制作可以经过采收机械、拉伸膜裹包机或液压裹包机而完成；发酵料制作可以经过采收机械、磨浆机、密封发酵而完成。虽然机械的引入和配套使用还存在这样或那样的问题，但是已经有了解决的技术路线，能够让人们看到成功的希望。其中牛羊构树饲料加工工艺流程和生猪构树饲料加工工艺流程都已渐入佳境，距离达到实用性和经济性相统一的效果已为期不远。

2. 曾有多少家研究机构和经济实体开展了构树方面的研究和开发

构树是一个藏在闺中颇具开发价值的生态型经济树种，吸引了来自各方的关注，其中3个国家级科研单位、3个省级林科院和3所综合性大学先后开展了构树品种选育、引种、丰产栽培技术和饲料特性等相关技术的研究。1个上市公司和数家新三板挂牌的公司以构树资源利用为其公司的主导产业和主要的经营内容。更有上百家的公司已经或正在利用自有资金进行构树产业这方面的工作。

3. 有关领导和专家学者对构树造林及利用作出过怎样的评价

国家林业局几年前曾主办过杂交构树研讨会，来自中国科学院、中国林业科学研究院的多位专家，国家林业局相关司局领导，构树适生区域林业主管部门和相关企业的代表参加了这次会议。在研讨会上，专家们一致认为，在产业发展方面，构树有很多优势，不仅能够造纸，做饲料、药，还是荒山绿化，特别是在一些石漠化地区、盐碱较重的地区、荒漠化地区绿化的优选树种。"我国虽然森林分布很广，树木种类也很多，但真正能用于造林的树种并不太多。总是北方"杨家将"（杨树），南方"沙家浜"（杉木），相对而言，构树是我国建生树种之一，尤其是杂交构树有更好的品质，生长速度更快，纤维含量更高，这对于改变我们国家以往单一的造林树种结构，会起到很大的作用。"中国科学院院士、中国林业科学研究院专家唐守正从优化我国森林资源结构的宏观层面指出了发展构树的必要性。国家林业局经济发展研究中心副主任陈鹏则从林业经济发展的角度发表了自己的看法，他认为，"构树这样浑身都是宝，符合开发森林多种功能的思路。一般而言，林业投资大、周期长、风险高，而构树的特点弥补了林业在发展中的不足，就需要这样的优良树种来发展人工林，建立工业原料基地，发展效益性林业。黎祖交教授在会上指出，"构树产业实际上是一个既大又好的产业群。"他所说的产业群就是指全方位开发构树的根、茎、叶、果等各方面的功能，形成造纸、饲料、制药、饮料等不同的产业发展方向。

中国科协副主席陈章良在山西吕梁开展扶贫调研期间，对构树精准扶贫项目表示大力支持，他认为，种植物树既能帮助农民脱贫增收，又能改善生态环境，同时还能帮助当地养殖业的发展和饲料的深加工。

中国农业科学院植物保护研究所郭予元院士认为构树具有极高的经济价值，全身是宝，可大力开发利用。同时由于构树及其产业具有治理盐碱地和石漠化、加速造林绿化、可循环持续利用等功能，具有良好的生态和经济效益。

（四）构树产业的发展经历了由高到低，再由低到高的过程，导致这种起伏的原因是什么？

近一二十年构树产业的发展是起伏式的，之所以时而向前发展是因为构树具备一定的价值，值得开发，人们看好它；之所以时而停滞不前是因为当时人们对它的了解没有达到一定的深度，无论开发思路还是技术储备都不足于维系构树产业长期平稳和持续的发展。归纳起来，这些不足的因素有以下几个方面的问题。

1. 目标锁定有偏差

构树全身是宝，可利用的植物器官或功能很多，但具体利用构树哪些器官或功能进行产业开发是大有讲究的。因为选择利用构树不同的植物器官或功能，就有与之相对应的消费体量或市场空间，从小众市场到大众市场，市场定位不准确，就难有好的结果和胜算。一般来说利用构树制茶，其市场小于中草药开发，更小于木质纤维的提取。如果构树定位在高档纸张，在过去某一时段也许是对的，暂不提用构树做制浆与杨树做纸浆工艺和设备有所不同，就说利用部位就存在一些问题，杨树整株基本都可利用，而构树只能用树皮，如果整株利用，皮干不分离，只能做普通纸张，如果要取皮利用，皮部仅占整株的13%，可利用部分占比太小，而剥皮工艺又较为烦琐，成本也高，况且对高档纸张未来的预期用量没有作出正确

一、一般性问题

的判断，因而当高档纸张逐年减少，市场空间变小，容纳不了更大规模的开发利用时，结果导致产能过剩，利润下滑，企业难以为继。最为典型的就是一家专做杂交构树的北京一家林业资源公司，资金雄厚并在中国香港上市，曾经在许多省份都建有大面积的构树林，影响很大，最后还是倒在通向成功的路上，主要原因就是目标锁定有误，产品出路受阻且没有及时进行产品转型。这家公司曾是利用杂交构树开发纸浆材影响最大的公司。

而如果选择构树作为饲料的原料，市场空间就大得多，市场的前景也光明很多，构树产业就成为一件值得大做特做的事业。

2. 构树局部利用和整株利用（图1-4）

很长一个时期，木本饲料的利用都是针对叶片的，通过采摘叶片获得饲料原料，因为

（1）取皮制浆造纸

（2）枝条切片药用

（3）叶片采摘制茶

（4）果实生产饮品（1）

（5）果实生产饮品（2）

构树全身是宝，可实现物尽其用，"榨干吃尽"。除饲用外，树皮可造纸，枝条可作药材，叶片可制茶，果实可作饮品

图1-4　构树产业链的延长及各部分的利用

叶片蛋白质含量最高，是木本饲料质量的基本保证，这种想法看是合乎情理的，但却是不全面的。问题出现在仅利用叶片会产生一系列问题：一是植物可供利用的部分太少，生物量上不去，缺少产品价值的支撑；二是只能人工采收，人工成本高；三是不利于机械化的实施，不利于集约化生产，规模效益体现不出来，不足于支撑整个产业的兴起；四是植物更新能力减弱，发枝力发芽力出现早衰现象；五是病虫害严重，肥水管理操作难度大。最典型的就是湖北省和广西壮族自治区的两家企业，虽然意识到构树的饲用价值，生产出一系列产品，并且得到权威机关的认证，但只关注叶片的开发利用，生产出的产品价格过高，超出市场能够接受能力，最终还是倒在构树产业的路上。这两家公司曾是利用日本光叶楮开发畜禽饲料影响最大的公司。

构树产业的再次兴起不是偶然的，是木本饲料发展到今天的必然结果。虽然期间遭遇低潮，但仍有人坚守构树产业这块阵地，相信构树产业"天生我材必有用"，终有兴起的那一天。以前的成功经验和失败教训使得我们现在对构树和构树产业的认识更加清晰起来，避免了许多弯路和挫折，在迈向成功的路上走得更加自信和通畅。

（五）构树产业发展目前面临的主要问题是什么？应该从哪几个方面加以解决？

目前，全国还没有一家企业在构树全产业链上做得十分完整和成功的，龙头示范企业的引领和带动作用没有体现出来；还没有建立起十分成熟的构树产业技术体系，一些基础性的东西需要进行澄清、梳理和规范，用试验数据和事实说话；重育苗重种植、轻加工轻养殖的局面还没有得到实质性改观，种植企业还在代行本应由饲料加工企业和养殖企业的事情，饲料加工企业和养殖企业还在观望，并未强势进入；构树产业的圈子过于狭小，自我发展的动能不足，迫切需要资金、人才和技术的投入，加快产业推进的步伐；构树产业的宣传和造势不够，人们缺乏对构树产业的进展和意义的了解。

1. 在构树适于发展的地区发展构树产业

培育有实力、有社会担当、有长远发展规划的经营主体，数量可由少至多，规模可由小到大打造高标准的构树生产基地、构树饲料加工和养殖基地，客观真实地展现构树产业的发展现状和未来前景。

2. 搞好构树项目与金融资本、企业主体和社会组织的对接

引入构树产业的发展资金或社会资本，增强产业发展的动能，加快产业发展的步伐。重视构树产业末端的地位和作用，积极与养殖大户和企业达成一定的共识，解决构树饲料

的消化问题。

3. 大力宣传构树产业对扶贫富民、保障民生和食品安全的重要意义

营造全社会关心支持构树产业发展的良好氛围，深度报道构树产业链的新进展新成就，广泛介绍各地发展构树的好经验好做法，促进构树产业又好又快发展。

4. 整合科技资源

组建由专家、企业家组成的技术服务团队，建设产业技术联盟，形成产学研用紧密结合的发展机制。着力突破良种培育、优质丰产栽培、机械采收、饲料加工处理和构树无抗养殖等关键技术，有效解决各地出现有代表性的技术问题或难题。

（六）近年来构树产业发展中主要突破点或显著进步表现在哪几个方面？

1. 全株利用

构树全株利用现在已深入人心了，是一件再正常不过的事了，可是在3~5年前，全株利用很少涉及，通常提到都是叶片利用。现在你只要查看一下文献，一些引用的数据基本都是构树叶片，而不是构树全株，针对全株的数据基本没有。这也说明叶片利用在前，全株利用在后（图1-5）。

实际上构树叶片和全株在营养成分、蛋白含量等方面存在一定或不小的差异，只要是全株利用，尽可能用全株的数据，而不能用叶片的数据，全株的数据可以接近叶片的数据，但不可能是叶片的数据。只有合适的刈割高度、植物组织幼嫩、叶片占比高，全株的数据才可能接近叶片的数据，否则检测的数据会有很大出入。鉴于目前构树产业正处于初级阶段，全株的数据缺乏，叶片的数据只能作为当下暂时参考，以后还是要全部过渡到使用全株的数据，毕竟全株的数据更接近于实际应用。

全株利用概念的形成是构树利用价值的提升，是在构树生产和实践中感悟出来的。构树全株利用最早见于浙江省一带的养殖户。全株利用从某种意义讲，突破了人们的

当初仅叶片利用，虽叶片蛋白含量高于其他部位，但构树整体价值难以充分体现

图1-5 构树叶片

思维定式，开拓了构树利用的有效途径。

但全株利用概念形成后不久，又出现了忽视叶片的作用，片面追求生物量，从而走向了另一个极端。一些人采收构树后，为了节省烘干成本，进行长时间的暴晒晾干，以致到了粉碎的环节，叶子都掉得差不多了，有的干脆秋季采收时，只剩光干了才开始采收并进行粉碎，这样生产出的构树饲料，蛋白质含量和营养成分已流失严重，起不到构树作为饲料的应有效果。

因此，全株利用不是植物地上部分全部利用这么简单，而是要考虑株高、植物的幼嫩程度、营养成分生物量含量等多种因素，达到单位面积有产量，单位产量有质量，这才是全株利用的本质和内涵（图1-6）。

（1）

（2）

（3）

现在全株利用已深入人心并得到普遍共识，往昔的经营和管理模式正在发生改变，其中栽植模式由稀植大冠转变为"矮密早"，构树价值利用逐步实现了最大化

图1-6 构树的全株利用

2. 机械化采收

大规模的构树产业化，离不开机械化，因而构树全株采收的机械化一开始就得到人们的重视，但是当时沿用的是以生产纤维材为目的构树栽培模式，即稀植大冠模式，每亩栽种几百株，而且一年采收一次或几年采收一次，结果造成枝条粗壮，木质化程度高，给机

一、一般性问题

械采收带来一系列问题，对使用采收机械提出了更高的要求，从国产机械到国外机械都试用过了，不是因为采收效果不理想，就是机械购置成本过高，机械采收一时进入停滞阶段，成为制约构树产业向前发展的一道门槛。

后来人们转变了思路，而不是单纯地在采收机械上下功夫，才迎来了转机。通过对栽种模式进行调整，由原来的稀植大冠模式转变为"矮密早"模式，加大栽植密度，提高刈割次数，增加植株发数量，使枝条的粗度和硬度降低，同时兼顾了植株的蛋白含量，才为机械化采收铺平了道路，价格相对低廉的采收机械才有了用武之地（图1-7）。

采收机械由国外制造转向国内制造，并向实用强、效率高和功能多的方向发展，以满足不同条件下的构树集约化生产的需要

图1-7 各地正在使用的多种机型的构树收割机

3. 机械磨浆

构树饲料加工一般是由反刍动物和非反刍动物饲料两条生产工艺完成。其中，反刍动物饲料所用青贮饲料是经鲜料粉碎、密封打包完成，整个过程不需要烘干，操作过程相对简单，技术也较为成熟，基本已达到实用的阶段（图1-8）。

磨浆机的引入拓展了构树饲料利用的途径，在一定程度上解决了非反刍动物构树饲料加工制作过程可能遇到的高温、晾晒等所造成的营养和生理活性成分流失，以及耗能等多方面的问题

图1-8 构树饲料机械磨浆过程

而生猪等非反刍动物饲料要求的细度小于牛羊等反刍动物饲料的细度，在制作干粉或发酵料时一般都要经过2~3次粉碎和1~2次的晾干或烘干，这种制作工艺十分烦琐且成本高昂（图1-9）。国内有几家企业都安装了大型烘干设备，但从使用效果上看都不十分理想，只能作为辅助性的饲料加工设备，而不宜作为主要的饲料加工设备。

构树有效成分（如免疫蛋白）的提取，增加构树产品的附加值和扩大构树产品的应用范围

图1-9 构树产品的潜在价值正在不断发掘中

而磨浆技术借用纸浆的生产工艺，借助磨浆机，把物料由湿→干→湿的逆向操作工艺转变为由湿→湿的顺向操作工艺，减少了饲料制作的环节，节省了饲料制作的能耗，也就降低了饲料的加工成本，使生猪构树饲料加工进入了实用阶段。这样，就为反刍动物和非反刍动物利用构树饲料提供了全面的解决方案。

（七）在推进构树产业扶贫工程中，各级政府对相关企业或团体有否政策的扶持？

1. 构树扶贫的扶持政策

2015年，国务院扶贫办将构树扶贫列为精准扶贫十大工程之一，并决定在山西省、吉林省、安徽省、宁夏回族自治区等11个省（区、市）先行试点。同年，山西省启动实施构树扶贫试点，并计划利用5年时间，在灵丘、岢岚、临县、武乡、平顺、吉县6个国家开发工作重点县和襄垣、稷山2个非贫困县打造7个构树扶贫工作基地，总面积7.2万亩（15亩=1公顷。全书同），计划总投资额2.2亿元。

构树扶持一般分为种苗补贴、土地流转、涉及贫困户的贴息贷款等多种形式。扶持程序一般是先实施，后补贴，只有全面验收合格后才能兑现补贴。各地反馈的扶持信息择录如下：贵州省遵义市某县对企业的扶持是种苗补贴每株1.1元和土地流转补贴200元/亩；河南省开封市某县对企业的扶持是土地流转补贴2 000元/亩；江苏省宿迁某县2 000亩以内的土地由村级组织负责流转并承担相应的土地租金，县扶贫办提供资金建造育苗大棚、修建养殖场所和免费提供加工场地，公司负责苗木的购进、种植和全产业链的经营。

2. 国家惠农政策

国家惠农政策可分为三大类：优惠政策、补贴类政策和专项扶持类政策。优惠政策是涉农企业或者合作社可以享有的税收减免、用水用电等其他优惠政策；补贴类政策是国家给予农业企业或合作社贷款补贴、农机购置补贴、种粮补贴及其农资综合补贴等；专项扶持类政策是国家为扶持某些产业拿出的专项资金，扶持资金力度大，覆盖范围相对较小，需要在项目通知后申报争取。

拿到农业补贴的办法是查条文、筛信息。及时关注科技部、发改委、财政部、农业部、商务部、国家林业局、全国供销总社、水利部和工信部九大部委及其相关的省、市部门网站的农业补贴信息。了解关键技术、合作社自身建设、配套服务设施、人才培养等方面的政府补贴。结合自身实际情况，筛选出适合自身的补贴信息，从而向对口部门申报相关的农业补贴。为了最大程度上拿到农业补贴，申报材料应结合当地实际，突出带动性。

（八）构树产业的经济效益怎样？请从种植效益和养殖效益两个方面进行阐述。

构树产业链的盈利点主要由种植和养殖两个部分组成，分别以种植效益和养殖效益测算。

1. 种植效益

种植效益主要是通过构树种植、肥水管理、采收，直到制成不同的构树饲料而实现的。种植效益多地域、管理水平、饲料类型不同有较大的差异，现以河南省和海南省两地的试验结果为例，进行种植效益的测算（表1-1和表1-2）。

表1-1 不同地点不同年份青贮饲料生产的收益估算

地点	效益指标	第一年	第二年	第三年	第四年
海南省试点	生物量（吨/亩）	8	10	12	12
	产值（元/亩）	6 400	8 000	9 600	9 600
河南省试点	生物量（吨/亩）	5	7	9	9
	产值（元/亩）	4 000	5 600	7 200	7 200

注：以2015年青贮饲料市场价800元/吨测算

表1-2 不同年份青贮饲料生产的成本核算

		第一年（元/亩）	第二年（元/亩）	第三年（元/亩）	第四年（元/亩）
河南省试点	地租	1 000	1 000	1 000	1 000
	种植及管理	800	500	300	300
	种苗（1 000株/亩）	2 000	0	0	0
	采收	80	80	80	80
	青贮打包	500	700	800	800
	合计	4 380	2 280	2 100	2 100

注：构树苗在3月底种植

从表1-1和表1-2来看，第一年盈利情况是负收益，但第二年的盈利情况是正收益，即使扣除第一年的亏损，仍是有一定的利润，第三年及以后盈利能力大大增强，当年可实现每年每亩收益5 100元，而管理和投入则比前2年大大降低。进而，我们还可以得出以下的结论。

（1）构树种植成本

构树种植的盈利是可观的，回报周期是快的，与其他林木的开发利用相比具有明显的比较优势。

（2）构树栽植投入分析

构树栽植的早期投入较大，压缩投入成本是必要的，但各项投入中，只有种苗价格有一定的伸缩性，选择适当的种苗或自育是解决问题的有效途径。过度降低种植密度的方式不可取，那样会降低后期的生物量。

2. 养殖效益

养殖效益主要是通过降低饲料成本、构树养殖肉制品奶制品品质提高以及销售价格体现出来。

河南省修武县宏宇奶牛专业合作社用构树饲料喂养 10 天后的产奶量提高 10%，奶质也大大提高。

深圳市天楮农牧业发展有限公司生态草猪的检测结果表明，氨基酸高出普通猪 30%，蛋白质高出 29.5%，肌苷酸高出 38%；胆固醇低于普通猪肉 43%，总脂肪含量低于普通猪 86%；钙含量高出普通猪肉 198.9，硒含量高出普通猪肉 157%。在深圳市的几家专卖店生态草猪销售价格为 25 元/500 克。

（九）构树尚未进入在农业部《饲料原料目录》中，对构树产业的发展是否会产生一定的影响？何时能够得到彻底的解决？

农业部在 2013 年 4 月 1 日发布实施的《饲料原料目录》是为规范饲料原料的生产、经营和使用，保证饲料产品质量，保障养殖动物产品质量安全，促进饲料行业稳步发展而制定的。其中第三部分饲料原料列表从谷物及其加工产品到矿物质到陆生动物产品及其副产品涉及的范围很广。绝大多数木本饲料未列其中，而同为桑科的桑树，由于利用历史悠久已被列入《饲料原料目录》之中。构树作为单一树种未被列入《饲料原料目录》，但作为一类特定的植物，即可饲用的 3 米以下的多年生木本植物成熟植株及各种树木新鲜或干燥的茎叶被列入《饲料原料目录》中饲草、粗饲料及其加工产品一节（表 1-3）。这种宽泛式的表述在一定程度上，为当下合理合法利用构树枝叶（茎叶）的进行饲料开发提供了初步依据。

饲用构树作为新开发的木本植物饲料原料，经广大科技工作者探索研究和畜牧养殖场（户）的饲养试验，正逐步完善其在畜禽养殖中的应用实践和效益验证。建议构树株高 1~1.5 米采收整株嫩枝、树叶在《饲料原料目录》规定的范围内。

构树做饲料并在一些农村地区使用已经有很长的历史了，但作为商品饲料并进行开发利用的时间并不长。构树是木本饲料中有代表性、有影响力的树种，作为单一树种进入《饲料原料目录》是众望所归，也是构树产业长远和可持续发展的必然要求。

表1-3 《饲料原料目录》第三部分第六节中的表述择录

6.5	其他饲料	名词表述	标识要求
6.5.1	灌木或树木茎叶	指可饲用的3米以下的多年生木本植物的成熟植株及各种树木新鲜或干燥的茎叶。产品名称应标明灌木或树木的品种，如：大叶杨茎叶	粗灰分 中性洗涤纤维 水分
6.5.2	灌木或树木茎叶粉	指可饲用的3米以下的多年生木本植物的成熟植株及各种树木的茎叶经干燥、粉碎后获得的产品。产品名称应标明灌木与树木的品种，如：松针粉	粗灰分 中性洗涤纤维 水分
6.5.3	灌木与树木茎叶颗粒（块）	指可饲用的3米以下的多年生木本植物的成熟植株及各种树木的茎叶经干燥、粉碎、制粒后获得的产品。产品名称应标明灌木与树木的品种，如：大叶杨茎叶颗粒	粗灰分 中性洗涤纤维 水分

进入《饲料原料目录》需要履行一定的程序，一般由一家主体（饲料企业和行业协会）提出申请，并配合主管部门指定的机构进行构树成分及饲喂对象从肉质到排泄物的各项检测，检测结果报经全国饲料评审委员会审议通过，方可进入《饲料原料目录》。

作为单一树种，构树一旦进入《饲料原料目录》，则全社会共享。但履行程序过程，需要花费时间，精力和资金，这不是一家主体愿意承担的，需要多方联合或行业协会经办此事为宜。

（十）各地发展构树产业应遵循什么原则？规模种植和零星种植在经营方式上有何不同？

1. 适地适树（品种）原则

每个树种或品种都有一定的适应区域和使用目的，各地应根据所在区域选择适当的树种或类型，果用构树一定要了解植株的雌雄性，只能选择雌株，并且要求果实发育正常和丰产；饲用构树一定要蛋白含量高的，以灌木型的植株为好；材用构树一定要乔木型的，主干直立，分枝少；观赏用构树一定是叶片有变化，株型有特点，可看性强的。

2. 生态性和经济性相结合原则

根据生产经营的目的，在生态性和经济性两者兼顾的前提下，确定不同的发展思路和技术路线。对于土地的利用来说，从经济角度出发，就要考虑土壤肥力状况，土壤的坡度

一、一般性问题

（1）

（2）

（3）

（4）

（5）

图1-10 不同立地条件下，构树的土地整理、种植和生长情况

·019·

土层的厚度等因素，一些困难地（盐碱地、石漠化）就不宜在用地的范围之内，而从生态角度出发，看重的是植物与环境的关系，一些生态环境脆弱的、撂荒的地块正是需要关注和治理的地方（图1-10）。

3. 后续产业的支撑原则

构树产业可持续性发展必须依赖养殖业的发展，因而当地畜牧业的规模和消化能力决定构树成品的最终的出路和市场拓展的空间。

构树产业基地应尽可能接近或处在畜禽养殖中心，减少运输半径，同时畜禽的粪便也可为种植业提供肥源。

4. 适度发展原则

构树产业面向饲料行业和养殖行业，其发展的空间是很大的，但具体到一个企业或一个地方，构树产业发展是受多种因素制约的，土地是否平整有利于机械化和集约化经营，构树饲料的消化能力有多大等，这些都需要综合考量，构树产业发展规模应遵循适度发展原则，宜大则大，宜小则小，顺势而为，量力而行。

5. 经营模式多样化原则

既可以规模化种植，也可在边际化土地、四旁地零星种植；既可以在一块地统一种植统一收割统一利用，也可在一块地划分为不同的区域实行轮牧放养。

（十一）国内外木本饲料开发利用情况怎样？其优势和劣势表现在哪些方面？饲用构树作为其中一员具有哪些特点？

1. 国内外木本饲料开发利用情况

至少1 000多种的木本植物可用作饲料，自然资源十分丰富。其中，前苏联在20世纪初开发利用乔木饲喂家畜动物，并逐步形成以松针粉为主的木本饲料加工产业，每年的松针粉产量在20万吨以上；澳大利亚和墨西哥等开发种植高蛋白饲料—银合欢，被人们誉为"饲料之王"；日本将阔叶树的可食用部分加工成动物易采食消化的絮状物，按一定添加比例饲喂牛和羊等反刍动物；我国农村自古就有着利用木本饲料的传统，将针叶加工成草粉作为添加饲料喂养牲畜，或将枝叶阴干以备冬春补饲用，或利用秋季落叶放牧或饲喂牲畜；新疆维吾尔自治区塔里木河流域牲畜饲料的30%~40%来自于胡杨嫩枝叶，西北地区生产胡杨叶粉（图1-11）。

图 1-11 不同种类的木本饲料树种

2. 木本饲料的优势和劣势

（1）木本饲料青绿期长

利用年限长，耐啃食，生物产量高，多数木本植物还是可再生，每年可多次收割。

（2）具有较高的营养成分

与禾草饲料相比，木本饲料的粗蛋白质和钙的含量分别高 54.4% 和 3 倍以上，粗纤维含量则低 62.5%，粗灰分和磷的平均含量没有太大的差别。从可消化养分上看，木本饲料比作物秸秆高出 1 倍以上，比草本饲料稍低。从概略营养成分上说，木本饲料的营养素都比较全面。

（3）营养成分变异

枝条的采集部位和收集时间不同，营养成分变异大。商品化的构树饲料标准的统一和规范需要一定的时间才能予以解决。

（4）抗营养因子和毒素

植株体内可能含有生物碱、皂素、草酸盐、木质素、酚醛树脂、单宁等，只有选择木本饲料树种中抗营养因子和毒素含量低的树种才能作为候选树种。

3. 饲用构树的特点

（1）适口性强

通过畜禽对多种植物的适口性对比试验，构树适口性强于杨树、槐树、苹果树等木本植物，畜禽采食量大，利用率高。

（2）营养价值高

构树叶粗蛋白含量为26.05%，钙为3.35%，铁为247.09毫克/千克，是一种富含蛋白、钙、铁的饲料原料。叶片和细枝条DM（干物质）消化降解率在瘤胃中分别达到了88.67%和88.89%，全株嫩苗为67.80%，茎秆48.60%。相反，植物体内的蛋白酶抑制剂、植酸、单宁酸等抗营养因子较少。

（3）饲料卫生安全

构树的枝、叶、果实、根等器官均有药用和保健价值，属药食同源植物。古有"热补人参、清补桑叶"之说。构树叶茎经检测符合饲料卫生标准要求。畜禽取食构树可减少发病率，无须过度依赖抗生素的使用。

（4）开发利用广

可全株利用，株高1~2米整株嫩枝；饲料形态多样化，可制成粉料、颗粒料、发酵料、青贮料等；饲养对象多元化，草食畜、猪、家禽均可饲喂；具有可持续性经营的特点和巨大的发展空间，平茬刈割年收3~5茬；生态性和经济性的有机结合，环保、效益并举。

（十二）桑树和构树同为桑科，两者之间有何共性和个性？

构树和桑树同为一科，因枝叶蛋白含量高，均是木本饲料的理想树种，也是众多饲料树种中栽植面积最大、使用最多的两个树种。但它们有许多相同点，也有许多不同点。

从分布上看，桑树分布的北界更偏北些，耐寒性更强，在构树不能生长的寒冷地区，可种植桑树。

从形态上看，桑树的直立性稍强，分枝少，林相稍整齐，而构树在自然界呈两种类型：灌木型和乔木型。饲用型构树以灌木型为主，植株呈丛生状，发枝量大，植株幼嫩，蛋白含量高；材用型则乔木型为主，植株呈直立状，分枝少，成材率高，易剥皮。

从生长习性看，构树生长快，生物量大，茂密，每亩种植1 000株以上，生物量可达

10吨；而桑树生长相对较慢，生物量相对较小，即使每亩种植2 000~5 000株，其生物量也达不到构树生物量的2/3。此外，在无性繁殖效率、适应性、耐刈割性等方面，构树的表现都更胜一筹（图1-12）。

从饲料利用上看，桑叶与构树叶蛋白含量基本一致，一般介于24%~26%，若全株利用，构树枝条硬度低些，柔软性强，髓心大或中空，可利用的部分和营养成分相对高些（图1-13）。

从功能上看，构树和桑树果实都可食用，但桑树的果实又称桑葚，口感和商品性更好些；构树和桑树的叶片均可作茶叶；构树和桑树枝条均有药用价值；构树和桑树的皮部纤维都可做纸浆，但构树的皮部纤维利用得更为广泛，中国的宣纸和一些国家的币纸使用的是构树皮。

从品种使用上看，果用类桑树（果桑）品种选育工作开展的较早，已选育出多种丰产性强、结果早、抗病性强、采摘期长的品种，在生产上良种的普及率较高；果用类构树选

图1-12 构树雌雄开花和结果状

（1）　　　　　　　　　　　　　　　（2）

图 1-13　桑树的结果状

育工作早已开始，但尚未大力推广。饲用构树品种普及率较高，保证了品种的优良特性和遗传的稳定性，而饲用桑树基本上采用实生苗，后代分化现象严重，产量不稳定。

（十三）构树在全国大部分地区都有分布，是否可划分为最适宜区、适宜区、欠适宜区和不适宜区？各区的气候特点和适宜区的土壤类型是什么？

1. 构树分区

根据构树的分布和生长情况，全国构树可大致分为 4 个区。各地在发展构树时，还应考虑当地的实际情况，地形地貌、海拔高度、坡度坡向等。因此，严格地讲，确定所在区域构树发展的适宜性应从宏观和微观两个层面上进行划分，但为了表述的简单明了，下面仅从宏观层面上进行划分（图 1-14）。

（1）最适宜区

华南区、华中区、华东区。

（2）适宜区

西南区、华北区。

一、一般性问题

图 1-14　中华人民共和国区域划分

（3）欠适宜区

西北地区。

（4）不适宜区

东北地区。

2. 各区的气象特征

（1）华南区

最冷月平均气温≥10℃，极端最低气温≥-4℃，日平均气温≥10℃的天数在300天以上。多数地方降水量为1 400~2 000毫米，是一个高温多雨、四季常绿的热带—亚热带区域。

（2）华中区

河南年平均气温15.7~12.1℃，年降水量为1 380~1 532毫米，集中在6—8月，年平均日照1 848~2 488小时，全年无霜期189~240天。

湖北省年平均日照时数为1 100~2 150小时，年平均气温15~17℃。

湖南省热量充足，降水集中；春温多变，夏秋多旱；严寒期短，暑热期长。

（3）华东地区

年平均气温13~18℃。山东省资源主要来源于大气降水，年均降水量676毫米，浙江省年均降水量为1 600毫米。

（4）西南区

夏季闷热潮湿，冬季阴冷多雨，春秋季多云多雾，一年四季难有几个晴爽天气，是中国日照时间最短，光照强度最差的地区。其中，重庆市、四川省、贵州省三地区年日照时数为1 000~1 400小时/年，年辐射总量为3 344~4 180兆焦/平方米·年。

（5）华北地区

冬季寒冷而干燥，夏季暖热多雨，降水量集中在7—8月。

（6）西北地区

典型的大陆性气候，夏季炎热，冬季严寒，降水稀少，终年干旱，除东部个别地区和一些高山降水量超过400毫米，其余地区降水量均低于400毫米，大部分地区不足200毫米。

（7）东北地区

温带湿润、半湿润大陆性季风气候。夏季高温多雨，冬季寒冷干燥。年平均气温低于0℃，年降水量在3 000毫米以下。

3. 适宜区的土壤类型

我国土壤资源丰富、类型繁多，构树分布区的主要土壤发生类型为红壤、棕壤、褐土、漠土、潮土、灌淤土、水稻土、盐碱土、岩性土等系列（图1-15）。

（1）红壤系列

中国南方热带、亚热带地区的重要土壤资源，自南而北有砖红壤、燥红土、赤红壤、红壤和黄壤等类型。红壤系列土壤生产潜力很大。

① 砖红壤。发育在热带雨林或季雨林下强富铝化酸性土壤。

② 燥红土。热带干热地区稀树草原下形成的土壤，分布于海南岛的西南部和云南南部红水河河谷等地，土壤富铝化程度较低，土体或具石灰性反应。

③ 赤红壤。发育在南亚热带常绿阔叶林下，具有红壤和砖红壤某些性质的过渡性土壤。

④ 红壤。中亚热带常绿阔叶林下生成的富铝化酸性土壤，分布在干湿季变化明显的地区，淀积层呈红棕色或枯红色，剖面下部有网纹和铁锰结核，二氧化硅、氧化铝比值为

一、一般性问题

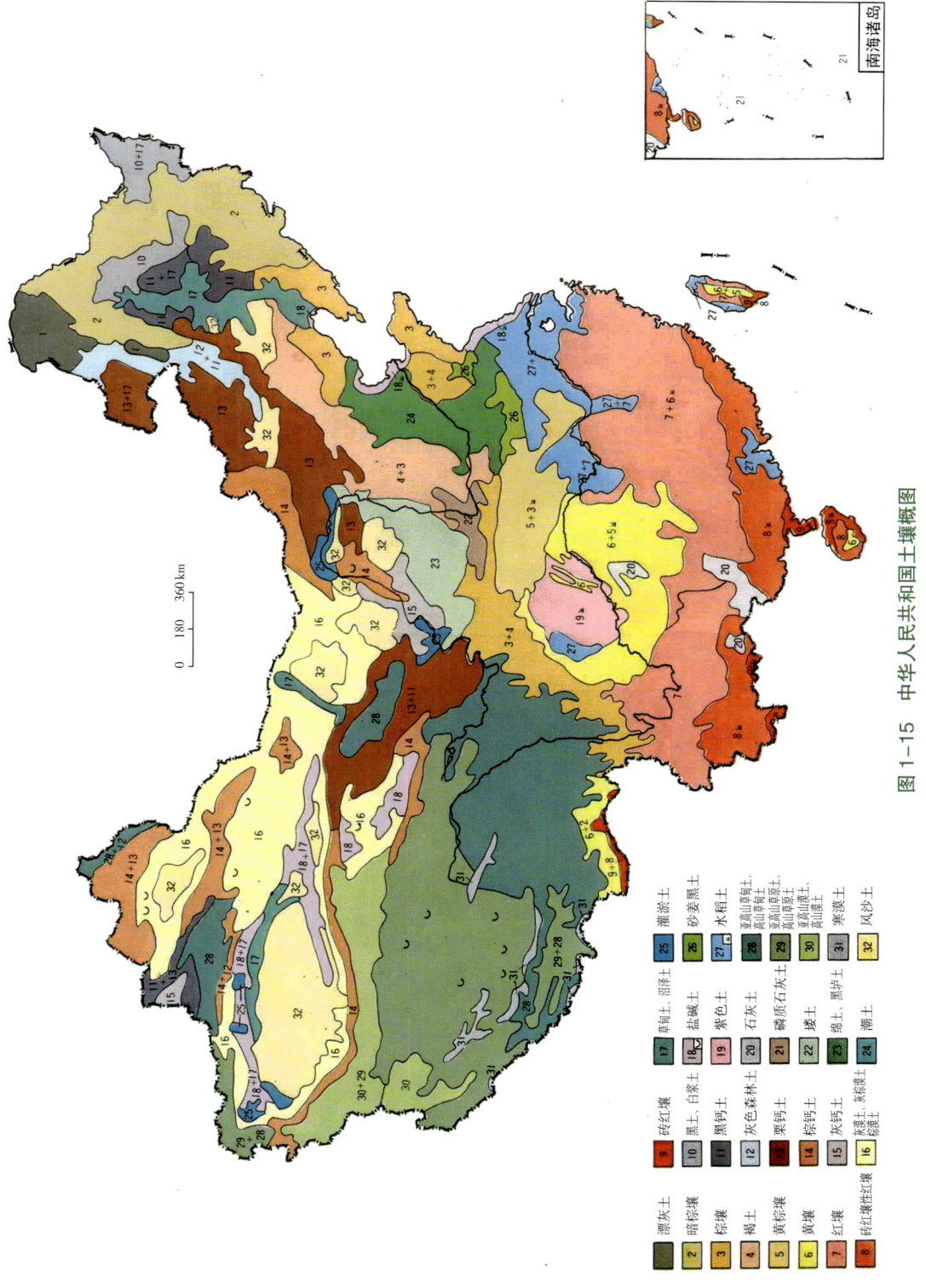

图1-15 中华人民共和国土壤概图

1.9~2.2，黏土矿物含有高岭石、水云母和三水铝矿。

⑤黄壤。中亚热带常绿阔叶林下生成的富铝化酸性土壤，分布在多云雾，水湿条件较好的地区，以川、黔两省为主，以土层潮湿、剖面中部形成黄色或蜡黄色淀积层为其特征，黏土矿物含有较多的针铁矿和褐铁矿。

（2）棕壤系列

亦为中国东部湿润地区发育在森林下的土壤，由南至北包括黄棕壤、棕壤等土类。

①黄棕壤。亚热带落叶阔叶林杂生常绿阔叶林下发育的弱富铝化、黏化、酸性土壤，分布于长江下游，介于黄、红壤和棕壤地带之间，土壤性质兼有黄、红壤和棕壤的某些特征。

②棕壤。主要分布于暖温带的山东半岛，为夏绿阔叶林或针阔混交林下发育的中性至微酸性的土壤，特点是在腐殖质层以下具棕色的淀积黏化层，土壤矿物风化度不高，二氧化硅、氧化铝比值3.0左右，黏土矿物以水云母和蛭石为主，并有少量高岭石和蒙脱石，盐基接近饱和。

（3）褐土系列

包括褐土、黑垆土，这类土壤在中性或碱性环境中进行腐殖质的累积，石灰的淋溶和淀积作用较明显。

①褐土。分布于中国暖温带东部半湿润、半干旱地区，形成于中生夏绿林下，其特点为腐殖质层以下具褐色黏化层、风化度低，二氧化硅、氧化铝比值3.0~3.5，含有较多水云母和蛭石等黏土矿物，石灰聚积以假菌丝形状出现在黏化层之下。

②黑垆土。以深厚的淡黑色垆土层而得名。首先形成于半干旱草原植被下，后又经长期耕种熟化的土壤，主要分布在陕北、晋西和陇东一带的黄土地区。

（4）漠土系列

中国西北荒漠地区的重要土壤资源，包括灰漠土、灰棕漠土、棕漠土和龟裂土等，共同特征是：具有多孔状的荒漠结皮层，腐殖质含量低，石灰含量高，且表聚性强，石膏和易溶性盐分在剖面不大的深度内聚积，存在较明显的残积黏化和铁质染红现象以及整个剖面的厚度较薄和石砾含量多等。在成土过程中主要表现为钙化作用、石膏化与盐化作用、弱的铁质化作用，同时风化作用相当明显。漠土系列在利用上主要受制于细土物质含量和灌溉条件。

（5）潮土、灌淤土系列

中国重要的农耕土壤资源，包括潮土、灌淤土。这类土壤是在长期耕作、施肥和灌溉的影响下所形成。在成土过程中，获得了一系列新的属性，使土壤有机质累积、土壤质地及层次排列、盐分剖面分布，都起了很大变化。

① 潮土。主要分布于黄淮海平原，长江中、下游平原。土壤剖面中沉积层次明显，黏砂相间，地下水位较浅，土壤中、低层氧化还原交互进行，有明显的锈纹斑及碳酸盐分聚积。潮土土层深厚，矿质养分丰富，有利于深根作物生长，但有机质、氮素和磷含量偏低，且易旱涝，局部地区有盐渍化问题，亟待改良。

② 灌淤土。主要分布于银川市和内蒙古自治区，灌淤层可厚达1米以上，一般也可达30~70厘米。土壤剖面上下较均质。灌淤土是中国半干旱地区平原中的主要土壤，地下水位较浅，水源充沛；因排水条件较差，有次生盐化现象，应注意灌排结合。

（6）水稻土系列

在中国境内，主要分布在秦岭—淮河一线以南，其中长江中、下游平原、珠江三角洲、四川盆地和台湾地区西部平原最为集中。

水稻土是农事活动的产物，是由各种地带性土壤、半水成土和水成土经水耕熟化培育而成，其形成过程是在季节性淹水灌溉、耕作、施肥等措施影响下，进行氧化还原交替过程、有机质的合成与分解、复盐基作用与盐基的淋溶，及黏粒的分解、聚积、迁移与淋失，使原来的土壤特征受到不同程度的改变，使剖面发生分异，而形成特有的土壤形态、理化和生物特性。水稻土是中国很重要的农业土壤资源，应根据土壤特性因地制宜加以改良和利用。

（7）盐碱土系列主要为盐土

中国土壤中含可溶盐较高的盐土主要分布在北方干旱、半干旱地区，尤以内蒙古自治区、宁夏回族自治区、甘肃省、青海省和新疆维吾尔自治区为多。气候干旱、蒸发强烈、地势低洼、含盐地下水接近地表是盐土形成的主要条件。中国盐土的盐分组成甚为复杂，滨海地区的盐土主要为氯化物盐土；新疆维吾尔自治区北部、甘肃省河西走廊、宁夏回族自治区银川平原和内蒙古自治区的盐土主要为硫酸盐，而氯化物与硫酸盐混合类型的盐土分布较广，以河北省、内蒙古自治区、宁夏回族自治区、甘肃省和新疆维吾尔自治区等省区最为集中。盐土的改良应采取排灌、生物及耕作等综合措施；种稻洗盐也是改良盐土的有效措施。

（8）岩性土系列

包括紫色土、石灰土、磷质石灰土、黄土性土。这类土壤性状仍保持母岩或成土母质特征。

① 紫色土。以四川盆地分布最广。紫色土有机质含量1.0%左右，尚不具脱硅富铝化特征，属化学风化微弱的土壤，呈中性至微碱性反应，pH值为7.5~8.5，石灰含量随母质而异，盐基饱和度达80%~90%。紫色土矿质养分丰富，土壤较肥沃，其农业利用价值很高。

② 石灰（岩）土。主要分布于广西、贵州和云南境内，在石灰岩体出露的喀斯特地

区多形成较为年幼的石灰（岩）土。石灰（岩）土的植被多为喜钙植物如蕨类、五节芒、白茅等。这类植物的有机质成为石灰土腐殖化作用的物质基础。

③ 黄土性土壤。广布于黄河中游丘陵地区。土壤色泽与母质层极相近，质地均匀，疏松多孔，耕性良好，有机质含量低，仅 0.5%，矿质养分丰富。

（十四）构树集约化发展需要考虑哪些条件？

1. 土地选择

土壤是林木生长的基础，优质的土地增产潜力就大，而劣质的土地增产的潜力就小，在条件允许的情况下，应尽量选择能充分满足构树生长的立地条件。构树用地应坚持从实际出发、立足长远的原则，一类土地以产业经营为主，二类土地以生态经营为主，过渡型土地实行生态经营与产业经营并举。

一般来讲，选择地形相对平坦开阔，适宜机械化耕作和采收。海拔在 800 米以下的阳坡或半阳坡，土壤疏松、土层深厚（深度在 60 厘米以上）、肥沃湿润；土壤呈微酸性、中性或微碱性，含盐量不超过 0.3%。对于黏土、砂土和盐碱地，只要经过土壤改良，创造出较为适宜的生长条件也可栽植。阳光充足、光照时间长。水源充沛，排水良好，低洼地或长时间积水的地方容易导致通气不畅，根系呼吸困难，生理机能减退而生长不良，严重时可使根系窒息、腐烂，地上部分叶片变黄，甚至死亡。在年平均温度 12℃ 以上的地区，现有的大多数构树品种可安全越冬，可集中连片种植；气候寒冷的地区，不仅要选择抗寒性的品种，还要做好培土防寒措施。

生产优质无公害饲料产品，不仅要注意生物学生态学特性，做到适地适树，还要注意生态环境质量，如地下水清洁卫生，水质符合相应的农业灌溉标准；土壤没有严重的化肥、重金属和农药残留污染；气候良好、空气新鲜。

此外，大规模发展构树生产，还要考量整地方式、作业道的布局、运输半径、资源调配基础、劳力资源等因素。

2. 畜牧业支撑

构树种植基地应尽可能处于畜牧业发达的中心或毗邻地区，与养殖大户和企业有良好的对接，形成一种共生共存的紧密关系，保证生产出的构树饲料能够有稳定可靠的市场销售渠道。现在养殖大户和企业都有自己的饲料进货渠道，指望他们一时改变原有饲料种类和养殖习惯，以及可能遭遇试验性喂养带来的麻烦，完全接受新生事物——构树饲料是不现实的，但只要构树养殖能降低畜禽饲养成本的 10%~20% 以上，生产出的肉制品奶制

（十六）构树开发属林业应用范畴，它与当下的主要的用材树种、木本油料树种和绿化树种相比，其发展的优势在哪？并举例说明。

1. 构树与用材树种（杨树/桉树）对比

构树与用材树种（杨树/桉树）均属短轮伐树种，终端产品也均为消耗性产品，对市场的拉动性强，市场需求大，价格相对稳定，其中构树见效更快、收益更好，符合当前退田还草（牧草）、作物去库存的农业结构调整（表1-4）。

表1-4 构树与用材树种（杨树：桉树）对比

树种	终端产品	市场销路	生产周期	种植效益（亩/年）	植株利用率
构树	饲料	市场空间大，尚需开拓	1年出售	2 500~6 000元	全株利用
杨树/桉树	木材	市场好，变现易	5年以上	1 000~1 500元	全株利用

2. 构树与木本油料树种（油茶）对比

构树终端产品是饲料，面对的是畜禽市场，市场空间大，价格相对稳定，与其他的木本饲料树种同质竞争优势明显，与其他的草本蛋白饲料生物量相比也具有较大优势，与木本油料树种在市场销路、生产周期和栽培管理等方面也不逊色（表1-5）。

表1-5 构树与木本油料树种（油茶）对比

树种	终端产品	市场销路	生产周期	种植效益（亩/年）	植株利用率	栽培管理
构树	饲料	畜禽市场	1年出售	2 500~6 000元相对稳定	全株利用	相对粗放
油茶	食用油	高端市场	5年以上	不确定、波动大	果实利用	相对精细

3. 构树与绿化树木（国槐）对比

国槐是北方最常见的绿化树木，也是近年价格好且稳定的树种，但属非消耗性产品，受绿化苗木供求关系的波动较大，一旦绿化市场不好，销售都成问题。构树解决好与养殖企业或大户的对接，饲料的价格一般不会出现大涨大落的现象（表1-6）。

表1-6 构树与绿化树木（国槐）对比

树种	终端产品	市场销路	生产周期	种植效益（亩/年）	栽培管理
构树	饲料	广谱性	1年出售	2 500~6 000元相对稳定	相对粗放
国槐	苗木	销路窄	多年	不确定、波动大	相对精细

（十七）林光互补指的是什么？结合光伏发电进行构树种植的可行性和发展趋势怎样？

近年来，我国光伏产业发展迅速，成效显著，但其光伏电站建设占地面积大，建设和运营期长达25年甚至更长时间，因而在选址、建设和建成后的3个时期，既要考虑光伏电站建设的需要，更要兼顾建设区内植被状况和土地利用问题，实现光伏发电和林业产业的共同发展，此即为林光互补的真实含义。林光互补的一种主要模式是在建设时抬高列阵支架，使光伏板下和列阵行间有较大的空间，为植物生长创造必要的条件（图1-17）。

（1）

（2）

光伏板下的空间半透光半遮光，可以充分利用构树耐阴性进行构树生产或光伏产生的热源用于构树饲料的烘干

图1-17　构树对光伏产业发展的作用

光伏发电有西部向东部转移的趋势，建设区内植被状况和土地利用问题会更加突出，但也为构树的发展提供了一条途径。构树是阳性树种并具有一定的耐阴性，对土地要求不严，栽培管理相对粗放，可进行机械化采收，一次种植连续多年收获，林相整齐，适合大面积作业，是林光互补中优先考虑的树种之一（图1-18）。

此外，构树在林下经济中也有一定的用武之地。林下经济是以现有的林地资源林木资源及其形成环境条件为基础，开展涵盖种植业、养殖业等立体复合的经营活动，达到资源共享，优势互补，协调发展的一种生态农业模式。

一、一般性问题

构树的耐阴性使得构树在林下（林间）也能够正常生长。每隔4~5年，杨树定期采伐，打开的空间既可为构树生长创造适宜条件，又可依靠杨树根桩萌蘖性再次成林

图1-18 杨树与构树的合理配置可提高土地利用指数

（十八）构树具有较强的消纳土壤重金属的能力，有否在一些重金属含量超标的地区种植，在降低了土地重金属含量的同时，生产出的饲料达到国家允许的饲用标准的实例？并举例说明。

构树适应性强，对土壤要求不严，根系发达，生物量大是植物修复技术中首选的树种。所谓的植物修复技术是一种以植物忍耐、分解或超量积累某些化学元素的生理功能为基础，其共存微生物体系来吸收、降解、挥发和富集环境中污染物的环境污染治理技术。它是由美国科学家Chaney等1983年首次提出用植物去除土壤中重金属污染物的设想，人类把重金属污染治理的研究重点转向了植物修复。该技术作为一种环境友好型的土壤修复方法，具有三大优点：

（1）投资和维护成本低。

（2）接近于自然生态过程，二次污染风险小。

（3）实现污染土地增值。

植物修复重金属污染土壤的机理就是利用植物根系的物理、化学和生物特性，吸收、提取、分解、转化或固定土壤、沉积物、污泥、地表或地下水中有毒有害污染物质。主要通过植物根系对重金属离子的吸收、转化、降解与合成；根系分泌物促进土壤微生物（细菌、真菌、放线菌等）对污染物的降解、转化和生物固化；根系对土壤的机械阻留作用；根系的离子交换和吸附作用。

在湖南省株州市等地一些水稻种植区，由于土壤的镉元素超标，生产出的稻米，俗称毒大米，不宜食用，而采用构树种植，从土壤吸附的重金属呈全株分布，而不是像稻米集中在结实部位上，因而一方面带走了土壤中一部分重金属，实现污染土地增值；另一方面所产的构树枝条重金属低，符合国家允许的饲料原料重金属含量标准，构树枝条也有了合适的使用途径。

（十九）我国饲料行业发展面临的挑战是什么？它给构树发展带来怎样的机遇？

1. 我国饲料行业发展面临的挑战

（1）人畜争粮

全国大约消费6亿吨粮食，口粮是3亿吨，饲料粮是两亿吨，剩下的用于工业原料如乙醇。饲料用粮占粮食总消费的30%以上。

（2）优质粗饲料供求矛盾日渐突出

2015年，中国进口苜蓿草总计121.34万吨，同比增37.18%；进口金额总计4.69亿美元，同比增36.84%。

（3）蛋白饲料资源短缺

2015年，中国饲料用鱼粉进口数量为103万吨，金额为17.92亿美元；2015年全年大豆进口量达到创纪录，为8 169万吨，比2014年提高14.4%。这是世界大豆贸易量的70%，占国内消费量的87%；2015年1—12月，中国豆饼、豆粕进口数量为59 684吨，同比增长164.1%；2015年1—12月，中国豆饼、豆粕进口金额为4.17千万美元。

（4）畜产品安全、药物残留现象突出

2. 构树发展的机遇

针对我国饲料行业发展面临的挑战，构树的发展迎来了它的切入点：

（1）苜蓿和豆粕进口量有增无减

对国际市场依赖性较强，改变这一现状，要么提高国内苜蓿和大豆种植面积，要么寻找替代树种。苜蓿在我国的种植已开展多年，南方雨水充沛、热量高，但一年多次采收时常遇到降水，极易产生黄曲霉，降低产品品质；北方地区无霜期期短，生物量小，产量和价格没有竞争力，即使国家对种植苜蓿有补贴，种植户的积极性也不高，苜蓿发展呈现萎缩态势。况且，苜蓿和大豆使用转基因品种较为普遍，容易受到社会的排斥和难以被大众的接受。构树是替代苜蓿和大豆获取蛋白源的理想树种。

（2）畜禽养殖的用药

畜禽规模化养殖，不使用抗生素药品难度很大，办法不多，而构树本身黄铜类化合物和植物甾醇等成分，具有抗菌消炎的作用，有助于防病治病，强化体质的作用，可以减少对抗生素的依赖，降低过量用药，便于推广无抗养殖。

（二十）"粮改饲"是在什么背景下提出的？2016年中央财政下达10亿元专项资金开展试点工作，它对构树产业发展释放出什么信号？

近年来，随着我国粮食产量连年攀升，导致产量过剩库存增加，粮食价格下降。自2015年起，农业部在全国30个县以全株青贮玉米为重点，推进草畜配套就地转化工作，让粮变肉、草变乳，过腹增值，实现农民增收。2016年，中央财政下达10亿元专项资金试点县扩大到100个。农业部畜牧业司长介绍说，"粮改饲"面积由现在500万亩，2020年将增加到2 500万亩以上，届时将形成粮（粮食）、经（经济作物）、饲（饲料）更加合理的三元种植结构（图1-19）。

(1)

（2）

"粮改饲"是通过改种以青贮玉米为主的饲料作物，使得粮变肉、草变奶，实现作物过腹升值，提高农产品附加值，促进农民增收

图1-19 "粮改饲"推进构树产业发展

从"粮改饲"的本意来看，重点是全株青贮玉米，肯定还包括一些可作饲料的植物，饲用构树是其中可供选择的理想树种；从畜禽食物结构来看，全株青贮玉米主要提供得是能量饲料，还需要蛋白饲料与之配比使用，能量饲料增加了，蛋白饲料也要相应增加，且能够提供蛋白源和实用性强的植物可供选择的种类并不多，饲用构树自然会受到足够的重视。

二、构树苗木培育

（二十一）适合构树产业化的苗木应该具备哪些基本要素？如何才能满足这些要素？

种苗是林木生产的基础，是关乎造林质量的重要保证，因此种苗先行品质为本是构树产业发展的前提条件，种苗工作做好了，接下来工作就会顺利很多。符合构树产业化要求的苗木应具备以下特征。

1. 优良的品种

优良的品种是苗木遗传品质的保证。优良品种经过无性系或区域性对比试验，其经济性状高于普通的品种，因而在生产中应选择来源清楚、品种纯正的良种，同时确保苗木健壮、抗逆性强，达到苗木的出圃标准。

2. 适当的苗木类型和规格

苗木类型有裸根苗和容器苗，容器苗是当今林业最为推崇的苗木类型，并已广泛地使用。其中，无纺布容器具有控根性，透水透气透根；基质和苗木成为一体，形成根团，造林不用脱去容器，直接将容器和苗木一起种入土中即可，无纺布容器则在土中自然降解；容器苗还可借助容器植苗工具进行栽种，提高了种植效率，提高造林的成活率，减少了二次补苗的麻烦；基质轻，装苗运输搬运方便，一辆9.6米的高护栏的车就可装载9万余株苗木，建议在构树生产中大量使用无纺布容器苗。

装无纺布容器的塑料筐高度一般在28厘米，除去容器高度8厘米和留出筐体上沿2厘米，容器苗地上部分的极限高度应在18厘米，因而苗木应选择新生叶5片以上，高度不低于15厘米为最好。

3. 合理的价格

构树亩栽株数较多，苗木成本占整个造林成本的比例较高，如果单株苗木价格过高，会造成每亩种苗成本过高不利于产业化的健康发展，仅通过减少每亩苗木栽种数量达到降低每亩种苗成本的做法不可取，那样做会影响每亩的生物量，达不到预期的产出效果。

只有选择适当的育苗方式，简化育苗流程，才能有效达到降低苗木成本的目的；只有选择适当的造林密度，维持较高的生物量以及枝条单位重量的蛋白含量，才是构树产业化经营的内涵。

总之，培育出的种苗要达到质优、价低、量大、易栽等4个方面的要求，苗木才有竞争力，对构树产业化的推进才能更大。

（二十二）构树繁殖方式主要有哪些？不同的繁殖方式的特点是什么？不同的繁殖方式培育出来的苗木有本质区别吗？

1. 繁殖的含义

植物主要有性繁殖和无性繁殖两种。有性繁殖是指不同植物个体的雌雄生殖细胞、或同一个体的雌雄生殖细胞相结合后形成新的植物个体的方式，因为后代的产生是经历了一个两性生殖细胞结合的有性过程，所以就叫有性繁殖。而无性繁殖则不需要经过两性生殖细胞的结合，由母体直接产生新个体。

培育新品种常用的方法之一就是杂交，因其过程涉及亲本（父本或母本）间的结合，属有性繁殖范畴。而一旦形成新品种并开始扩繁（扩大繁殖），因只涉及个体的一部分（如茎、根）等营养器官，因而属无性繁殖的范畴。有性繁殖由雌雄生殖细胞产生的后代，称子代或子一代；子一代的雌雄生殖细胞产生下一个后代称为子二代，以此类推。有性繁殖有世代的概念，而无性繁殖没有世代的概念，常有人对某品种先行繁殖一批苗称为第一代，以这一代再行繁殖为第2代，这种叫法是不科学的。在特殊的情况下，某些品种某些批次会出现个别单株有变异的现象，那多是芽变造成的，不能以代次相称。

2. 无性繁殖苗木的遗传与变异

无性繁殖是林木良种推广的最重要途径，它保持了母体的优良性状，具有一定的稳定性、一致性和恒久性。使用的繁殖方法主要有根段繁殖、茎叶繁殖（扦插、嫁接、压条和组培）等。无论使用那种方法获得的新个体，其品种遗传特性是不会发生改变的，没有优劣之分。认为此繁殖方式好于彼繁殖方式的说法没有科学依据。

经无性繁殖出的苗木存在自根系与非自根系两种根系类型，一种是通过扦插手段获得的苗木，其根系为自根系，它是由繁殖材料自身分化出来的根系，如嫩枝扦插和组培繁殖。组培繁殖是繁殖材料在室内培养基上扦插而实现的，而嫩枝扦插则是繁殖材料在室外基质上扦插而实现的，两者都是自觉或不自觉地运用了扦插的繁殖方式。在构树生产上经常可以观察到，嫩枝扦插苗木的早期生长快于组培繁殖以及根段繁殖的苗木，这与当时苗木的生长状态有关，但后期的生长速度会呈现趋同性。在不同无性繁殖方法中，产生的新

二、构树苗木培育

个体凡属自根系类型的,这些新个体遗传性不会发生改变,表现型也基本一致(图2-1、图2-2、图2-3和图2-4)。

图2-1 构树繁殖方式与步骤(一)

构树嫩枝扦插方法可利用生长期的大量枝叶,采用单叶单芽,在大约1个月的时间就可培育出单株构树苗。每平方可育出300~400株苗木

组培方法一般是在室内经历继代培养、生根培养过程,培育成新的植物个体,然后转入育苗设施,完成裸根幼嫩小苗向健壮容器苗的转化过程。后面的过程与嫩枝扦插过程需要的设施和条件基本相同

图 2-2　构树繁殖方式与步骤(二)

二、构树苗木培育

(1)　　　　　　　　　　　　　(2)

(3)　　　　　　　　　　　　　(4)

(5)　　　　　　　　　　　　　(6)

根段繁殖是根据构树侧根发达、根系萌芽力强的特点，利用根段进行扦插繁殖，是一种简单而有效的繁殖方式

图2-3　构树繁殖方式与步骤（三）

半硬枝扦插是介于硬枝扦插和嫩枝扦插的一种繁殖方式，主要是南方一些省份采用

图 2-4　构树繁殖方式与步骤（四）

但非自根系类型有所不同，所谓的非自根系是通过嫁接手段获得的苗木，其根系从嫁接部位以下的砧木上长出的，而非从自身的繁殖材料上长出的。砧木一般都是本地的实生树种，根系发达、适应性强，砧木的某些性状可能会影响到繁殖材料的某些性状，即砧木效应，虽说繁殖材料的遗传性并没有发生改变，但表现型可能发生改变，因此一般来说，同一品种非自根系苗木比自根系苗木的生长性状要好一些，但这是由生理上的变化引起的，如果从嫁接苗上取条进行扦插繁殖，其育出的苗木又会重新回到自根系苗木的状态。

3. 构树无性繁殖方式

根段繁殖、嫩枝（或软枝或绿枝）扦插繁殖、硬枝扦插繁殖、半硬枝扦插繁殖以及组培繁殖。半硬枝扦插繁殖在构树上有所采用，而在其他植物上较少采用。它是在苗木的生长季节，选用木质化程度较高的枝条，剪去叶片，扦插在苗床上，利用植物体本身的营养长出叶片，通过采用嫩枝扦插的管理措施，营造适宜的温度湿度和光照条件，诱导枝条生根。

4. 组培在苗木繁殖中独特的作用

组培繁殖是无性繁殖的一种，具有较高的科技含量，是某些植物苗木繁殖的利器，如兰花、火鹤，这类植物的共同点是无节间无腋芽，用其他的无性繁殖方式几乎无从下手。虽然其中一些植物可用分株的方式繁殖，但繁殖效率不高；用叶片繁殖理论上行得通，但实际上操作难度很大，不具实用性。组培繁殖的优越性在这一方面表现突出。

（二十三）每种林木的产业化都有其主流的繁殖方式？你认为哪种繁殖方式会是构树的主流繁殖方式？

每种林木的产业化都有其主流繁殖方式是无疑的，但究竟那种繁殖方式会成为主流繁殖方式则是由育苗的繁易程度、育苗成本的高低、育苗成活率的多少等综合因素决定的。

一个林木新品种的诞生，都需要借助无性繁殖的方法进行苗木扩大数量或快速繁殖，也就是扩繁或快繁。因新品种苗木扩繁初期，植物材料较少，而生产又十分需要时，各种繁殖方式都会使用，以期种苗数量能够在较短的时间内达到一定的数量级。此时苗木是供方市场，苗价较高，各种繁殖方式培育出的苗木都能够找到各自的市场出路，各种繁殖方式之间存在着优胜劣汰的相互关系并不突出，各种繁殖方式各得其所相安无事。

但随着林木产业的全面铺开和深入，育苗信息逐渐透明化，育苗成本逐渐明晰化、育苗技术逐渐成熟化，各种繁殖方式的长处和短处都会显现出来，相互间就会自然产生取舍过程，由复杂的繁殖方式向简单的繁殖方式，由多种繁殖方式向某一种或两种繁殖方式转移，最终形成最适合特定树种的主流繁殖方式。只有具有一定比较优势的繁殖方式才能适者生存，才能成为主流繁殖方式。

主流繁殖方式一定是排他的，一定是从多种繁殖方式脱颖而出的，也一定是广为受众广泛接受的。这是林木繁殖过程中的一般规律，而且能在杨树、苹果、枣树等大众苗木的推广中得到印证（表2-1）。

如107杨树新品种推广，先期采用组培苗、嫩枝扦插苗和硬枝扦插苗多种方式进行扩繁，一年后苗木数量上来了，组培苗和嫩枝扦插都自动退出扩繁体系，大家不约而同地都选择硬枝扦插进行扩繁。目前硬枝扦插成为107杨树主流且唯一的繁殖方式。

表 2-1 常见林木主流和非主流的苗木繁殖方式

树种	主流繁殖方式	非主流繁殖方式
枣树	芽接/枝接	嫩枝扦插、组培、分株
榛子	压条	嫩枝扦插、组培
苹果	芽接	组培、压条
油茶	籽苗嫁接	嫩枝扦插、枝接
杨树	硬枝扦插	嫩枝扦插、组培
核桃	芽接/枝接	籽苗嫁接

根据当前构树苗木的繁殖现状，嫩枝扦插在繁殖成活率、培育成本、下地后苗木长势、育苗周期等方面具有一定的优势，有望成为接下来一个时期苗木的主流繁殖方式。

（二十四）构树不同的育苗方式今年都不同程度上出现了一些问题，主要原因是什么？应当如何解决？

1. 根段繁殖

（1）根段选择不当

使用了营养体不饱满，发芽力弱，芽体受冻的根段。剪取根段时，应对根系的状态进行观察，凡是发现插条有变软、离骨、茬口发黄、根段过粗过细等现象一律不用。

（2）基质处理不当

采用农林废弃物的原料半碳化处理没有掌握好。半碳化处理过重，体积缩水，成了草木灰，而草木灰碱性偏大，又没有充分淋溶，不利于苗木发育；半碳化处理过轻，原料直接进入容器，长时间高温高湿下使用易导致腐烂霉变现象，污染苗木。无论何种基质，尤其是农林废弃物为主的基质，重复使用污染率高，要加大消毒强度，使用 2 次以后应弃之不用，应更换新基质。

（3）根段前期处理

冬前窖藏，或插前催醒处理可以显著提高根段的成活率。根段扦插可以提早育苗提早出苗，赶在春季适当的时间栽种，与嫩枝扦插打时间差。但根段繁殖一般出苗不太整齐，苗木分化严重，苗木出圃时间拉得较长，因而需要尽量选择粗度、长度较为一致的根段并进行插前处理。

2. 硬枝扦插

露地硬枝扦插在南方温度空气湿度大的情况尚可使用，在北方温度低空气湿度小的情况下建议不使用。

硬枝扦插生根需要的时间较长，枝条发芽展叶了，生根还没有迹象，即枝条发芽与生根时间间隔太长，此时如果枝条上的叶片持续一段时间枯黄脱落，即宣告扦插失败，因此必须确保枝条发芽展叶后，叶片不能脱落，一种办法对枝叶进行喷雾处理，确保叶片的挺立，另一种方法是扣棚，提高小环境的空气湿度，这样如果持续足够长的时间，就会诱导根系长出，从而形成一个完整的植株。

此外，用于硬枝扦插的枝条应在落叶后和土壤上冻前割下，截成一定长度进行冬季窖藏，在翌春进行扦插。经过窖藏的枝条健壮饱满，营养成分流失少，抑制生根的物质减少而促进生根的物质增多，可以缩短生根的时间，提高成活率。

3. 嫩枝扦插

嫩枝扦插是构树最有效的繁殖方式，但也是技术要求较高、难度较大的繁殖方式。在嫩枝扦插的实践中，成活率低于30%以下的情况随处可见。

嫩枝扦插成活率的关键在于扦插的环境，温度、湿度和光照是否得当，适宜的扦插环境可以缩短育苗时间，加快苗木出圃的进度。

在嫩枝扦插过程中，保持叶片的挺立、不萎蔫极其重要，凡是采取的措施导致叶片萎蔫都是不可取的，比如喷药后为了增加药效，拉长了喷水间隔，导致了叶片萎蔫，都会对育苗产生伤害，如果喷水间隔过长，导致叶片的永久萎蔫，再采取任何措施都是亡羊补牢。

嫩枝扦插的环境一定是基质相对干，空气湿度相对湿，有时苗木出现烂苗，提早打开风口放风，虽然延缓了坏苗的死亡速度，但对整床的苗木培育是不利的。提早揭棚，一般预示着育苗失败。

4. 组培育苗

组培育苗要求组培及相关设备，人员必须经过一定的培训才能进行操作，这对于大多数的育苗人来说都不是短时间能做到的。

组培过程需要经历初始培养，以扩大茎段的数量；生根培育，以形成一个完整的幼小植株，幼小的植株还要移栽到温室里，在容器里炼苗，直到达到苗木出圃的规格才能成为商品苗。此外组培过程还可能出现污染、玻璃化苗的现象，经过室内室外地点的转换，一个环节没有做到位，都可能带来不利的结果。

（二十五）构树组培如何降低玻璃化苗的出现几率？如何缩短或简化其出苗时间？

玻璃化是指植物组培试管苗植株矮小肿胀、失绿，叶、嫩梢呈水晶透明或半透明，叶片皱缩呈纵向卷曲，脆弱易碎等组织畸形的现象。由于植物组织畸形，吸收养分与光合作用功能低下，分化能力极度减弱，生根困难，移栽成活率低，因而不宜继续用作继代培养和扩大繁殖的材料。

降低玻璃化苗的出现机率可采取以下几个方面的措施。

1. 适当增加构树培养基中金属元素含量

适当增加构树培养基中钙、锌、锰、钾、铁、铜、镁的含量，降低氮和氯元素比例，特别是降低铵态氮浓度，提高硝态氮浓度，可减少玻璃化苗的比例。

2. 适当提高构树培养基中碳水化合物等含量

适当提高构树培养基中蔗糖和琼脂的浓度，提高培养基中蔗糖的含量，可降低培养基中的渗透势，减少外植体从培养基中获得过多的水分；提高培养基中琼脂的含量，可降低培养基的衬底质势，造成细胞吸水阻遏，也可降低玻璃化（图2-5）。

（1）

（2）

组培苗一般都在瓶内进行培养的，其中涉及洗瓶、消毒等一系列程序，为了缩短出苗时间，减少工作量，生根培养可直接接种在袋内进行，每袋8~10株，生根并进行适应性培养后，即可装箱外运。袋苗在造林所在地的育苗设施完成下一步的转化工作

图2-5 构树组织培养的一些创新

二、构树苗木培育

3. 适当降低细胞分裂素和赤霉素的浓度

细胞分裂素和赤霉素可以促进芽的分化，但是为了防止玻璃化现象，应适当减少其用量，或增加生长素的比例。在继代培养时，要逐步减少细胞分裂素的含量。

4. 增加自然光照，控制光照时间

自然光中的紫外线能促进试管苗成熟，加快木质化。光照时间不宜太长，大多数植物以 10~12 小时为宜；光照强度在 1 000~1 800 勒克斯，就可以满足植物生长的要求。

5. 控制好温度，改善气体交换

培养温度要适宜植物的正常生长发育，如果培养室的温度过低，应采取增温措施。使用棉塞、滤纸片或通气好的封口膜封口，也是预防玻璃化现象的重要措施。

6. 培养基中添加活性炭等物质

在培养基中加入 0.3% 的活性炭、间苯三酚或根皮苷或其他添加物，可有效地减轻或防治试管苗玻璃化。

（二十六）构树不同繁殖方式的育苗完成时间、育苗成本和育苗难易程度等方面都有所不同，能否给出相应的排序以供参考？

1. 不同繁殖方式育苗完成时间

（1）根段繁殖

与其他的枝条繁殖材料不同，根段繁殖是由根生芽，由根部诱导出不定芽。由于根部营养状况差异较大，春季气温偏低，不同根段出芽先后不很一致，育苗完成时间在 40 天以上。提高地温和根段窖藏或催醒处理可提高出芽率和出苗的整齐度。

（2）硬枝扦插

一般经历出芽和生根两个过程，育苗完成时间需要 45 天以上。枝条冬季沙藏或催醒处理可提高生根率，缩短育苗时间。

（3）嫩枝扦插

一般经历侧芽长出、皮部生根两个过程，育苗完成时间需要 25 天左右，如果温湿度不当，产生过多的愈伤组织，育苗完成时间会拉长。

（4）组培繁殖

一般经历继代培养、生根培养和炼苗 3 个过程，每个过程需要 3 周的时间，因而育苗完成时间至少需要 60 多天。

（5）半硬枝扦插

半硬枝扦插是介于嫩枝扦插和硬枝扦插之间的一种繁殖方式，是利用剪取叶片的生长枝长出的幼叶，采用嫩枝扦插的育苗方式进行育苗。为了保证枝条的营养状况，一般选择的枝条偏粗一些。半硬枝扦插育苗完成时间需要40天左右。

2. 不同繁殖方式育苗成本

假设育苗设施设备不计入育苗成本的话，育苗基质、育苗完成时间、苗木成活率、单位面积育苗量和人工支出是育苗成本构成的基本要素。依据现有的技术水平和实际结果来看，按照育苗成本从低到高的顺序，依次应为嫩枝扦插、根段繁殖、硬枝扦插、半硬枝扦插和组培繁殖。

3. 不同繁殖方式难易程度

对一般的构树育苗者来说，按照育苗难易程度从易到难的顺序，依次应为根段繁殖、硬枝扦插、半硬枝扦插、嫩枝扦插和组培繁殖。

（二十七）为什么提倡使用无纺布控根轻体容器苗（以后简称无纺布容器苗），它与传统的塑料营养钵相比有哪些优点？

无纺布容器是育苗基质和容器两者合为一体的特殊容器，基质采用轻体材料，重量轻，材料易得；容器为无纺布，透水透气透根，材料低廉环保，无纺布容器苗在林木育苗上得到认可并得以广泛地应用，它不仅具有一般容器（塑料营养钵）苗的优点，而且还具有许多其他的优良特性。

1. 根系发达、根级分布合理

无纺布容器具有控根性，根系可以穿透容器侧壁，当容器间存在空隙，并且在见光和降低水分等人为干预条件下，伸出的根系会发生死亡，即空气断根，同时引起容器内的根系产生分支形成一级侧根，一级侧根再经过空气断根，就形成二级侧根，以次类推，最终形成了多级根系（图2-6和图2-7）。经过充分空气断根的根系不会发生盘绕现象，根系呈毛刷状，俗称"爆炸性"生根，这种根系入土后，有利于苗木的后期生长。不仅如此，这种根系与基质紧密结合形成根团，不散坨，能显著提高苗木移栽的成活率。而塑料营养钵的根系则会发生根系缠绕、盘旋的现象，根系分布不合理。

2. 适合工厂化、集约化生产

从无纺布容器制作到无纺布容器苗木的下地的多个环节都可更多地借助相应的机械完成操作，如用手持植苗器、植苗机栽苗，减少劳务的支出，提高工厂化生产的使用率，

二、构树苗木培育

图2-6 根系呈盘旋状，易发生根系缠绕现象

图2-7 根系横向长出，在控根条件下，露出的根会发生空气断根，形成毛刷状根，并与基质结合成紧密的根团

提高苗木生产的科技含量，提升育苗水平和苗木质量（图2-8）。

3. 苗木管理、炼苗、装运、种植方便

苗木的根系、容器和基质三位一体，轻盈皮实紧凑，无论炼苗、装运，还是造林地种植操作起来都十分方便，苗木损坏率低；苗木放在一起，相互间有一定的缓冲作用，水分可以在一定程度上共享，给管理工作带来很大的便利；装运成本显著降低。

4. 材料环保、安全性高

无纺布材料可使用可降解材料，若干时间后可自然分解归田，安全环保，属环境友好型产品，对土壤不产生污染。

图2-8 无纺布构树容器苗下地后，根系直接穿透无纺布，与土壤紧密结合

（二十八）无纺布容器苗使用的基质成分是什么？优良育苗基质的基本特征是什么？

1. 无纺布容器苗基质成分

无纺布容器苗使用的基质成分均为轻体材料，具有重量轻（容重在0.2~0.8克/升）、膨化疏松的特性，主要有两大类组成，一类是草炭、珍珠岩和蛭石，另一类是农林废弃物，如稻壳、锯末、棉秆、麦秸、玉米秸秆、麻秆、芦苇。这类成分一般需要经加工处理（粉碎、半碳化）后才能使用。

第一类基质成分是国际公认的优良基质的原料，是育苗基质的品质保证，在花卉、蔬菜设施育苗中广为使用。

第二类基质成分是农林加工的副产品，是合理利用当地资源变废为宝的重要途径，也是育苗基质未来的发展方向之一。在我国南方地区林木培育中应用多一些。

但在第二类基质中存在着成分来源复杂，一些物料需要加工处理后才能使用。如果加工处理不到位，基质的理化性质存在不稳定等因素，影响基质的育苗效果，因而在生产和使用过程中应当注意一些问题。

第一，适当增加第一类基质成分的含量，提高育苗基质的稳定性和育苗效果。

第二，使用时对育苗基质进行充分淋浴，降低基质的碱性，至合理的酸碱度。

第三，使用时用硫酸亚铁、高锰酸钾进行消毒，同时起到中和碱性的作用。

第四，适合育苗周期短、下地早的小型苗木的快速育苗，否则基质体积缩水现象会日渐显露。

第五，育苗基质重复使用后，建议再次使用时应更换新基质，避免基质问题积累过多影响育苗效果。

2. 优良育苗基质的基本特征

育苗基质一般是由多种基质成分或原料按照一定的比例混合而成的。优良的育苗基质应具备以下条件：一是理化性能好，具有一定的保温、通气和透水性；二是弱酸性，pH值一般在5.5~6.5，有利于大多数植物对有效养分的吸收；三是低肥性，尤其是枝条扦插，基质只是起个固着的作用，营养过多是个浪费；可以通过外部营养供给，调节苗木生长状态，保持苗木规格一致性；四是重量较轻，便于操作和运输；五是基质清洁卫生，不带病原菌、虫卵和杂草种子。

（二十九）构树育苗主要采用的育苗设施有哪些？适宜的光照、温度和湿度的条件是什么？应该如何判断和控制这些条件？

构树育苗是利用植物的部分器官培育成一个新个体的过程，植物个体幼小或发育不完全，对环境的依赖性较强，在不可控的大田环境下完成整个过程几乎不可能，为了提高构树育苗的成活率，延长育苗的时间，培育出大量和优质的苗木，必须借助育苗设施，创造出适

二、构树苗木培育

合苗木生根和发芽的小环境，以满足构树不同发育阶段对光照、温度和湿度的基本要求。

构树的育苗设施有现代化温室、日光温室、塑料大棚、塑料小拱棚等，各地根据所在地实际情况加以选择。只要掌握了构树育苗的技术要领，选用或先进或简单的育苗设施并不重要，育苗结果是最重要的。从目前不同的育苗设施来看，简单的育苗设施也能达到先进育苗设施的育苗结果，但是采取双棚或棚套棚育苗技术好于单棚的育苗技术（图2-9、图2-10、图2-11和图2-12）。实践证明，只要育苗设施空间足够大，增加塑料小拱棚是一个不错的选择。

图2-9 构树在现代化温室育苗，苗床可以是坐地的，也可以是抬起的

图2-10 塑料大棚+塑料小拱棚的双棚育苗，又称棚套棚育苗

图2-11 塑料小拱棚+遮阳网的育苗方式

图2-12 日光温室+塑料小拱棚的育苗方式

1. 现代化温室

（1）现代化温室的种类

现代化温室主体多采用热浸镀锌钢制骨架或铝合金材料，一般由单体温室经串联式拼接而成为连栋温室。根据温室的覆盖材料，大致可分为3种类型：玻璃温室、PC温室和薄膜温室。

（2）现代化温室的特点

现代化温室可控性强，无论是正常季节拟或反季节，都能为植物创造较为适宜的生长环境，因而在很大的程度上改变了植物生长的节律，延长了植物生长时间，避免了不利天气对植物的影响，同时栽培管理措施的定量化、规范化和及时到位，使植物可以长期处在良好的生长状态，能够充分发挥其本身的生长潜力，使得现代化温室表现出十分明显的高投入高产出的特性。

（3）环境因子的控制

环境控制是现代化温室的关键技术。它是利用计算机技术和现代控制理论，通过传感器采集环境数据，包括温度、光照、湿度等，监控系统实时监测环境的动态变化，并与温室苗木生长设定的环境参数比对，从而发出相应的操作指令，指导温室的控制系统进行加热、降温和通风等动作。

不同的苗木种类设定的环境参数不同，同一种类的苗木的环境参数是否设定为最佳状态，需要准确了解苗木生长的内在规律和特性，只有在此基础之上才能发挥现代化温室的整体优势，体现现代化温室的价值。

2. 大棚套小棚

大棚套小棚是指大棚内再搭建小拱棚，实行双棚育苗，这里的大棚可以是日光温室，也可以是塑料大棚，大棚的走向以东西向为主，以便更好地利用光能。大棚套小棚是通过不同大小棚体的简单组合，更好地控制环境的温湿度，为育苗创造适宜的条件。

（1）日光温室

日光温室是在北方地区林业生产上应用较多的温室类型，一般三面为墙体，向阳的一面为塑料薄膜或玻璃等覆盖材料。由于建造成本低，基本不消耗能源或消耗能源较少，运行和维护成本相对较低，实用性较强，有较高的产投比。

（2）塑料大棚

塑料大棚通常是指四周无墙体设施，占地面积宽6米以上，长30米以上，高1.8米以上的塑料棚。

大棚套小棚的水分管理是由小棚内的微喷（座喷）和大棚内的微喷（吊喷）两条水路完成，吊喷主要起喷水降温的作用，座喷主要起植物补水的作用。此外通过大棚上遮阳网的收放和风口的开合，控制光照和温度。

3. 塑料小拱棚

塑料小拱棚是最简易最实用的育苗设施，体积小，结构简单，取材方便，多采用轻型材料搭成，如细竹竿、毛竹片、轻型钢材等。小拱棚的大小根据棚内穴盘、托盘摆放和容器规格而定，一般小棚高80厘米、小棚宽120厘米。

塑料小拱棚内接入微喷设备，喷头须分布均匀，保证雾化状水分能够覆盖整个苗床，不留死角。在棚外，离地高2.2米处搭建遮阳网，通过选择不同遮光率的遮阳网和遮阳网的开合控制光照进入。

（三十）苗木在苗床培育过程经常会出现出苗不齐的现象，如何提高苗木的整齐度？如何确保出圃规格的一致性？

不同育苗方式在育苗过程经常会出现出苗不齐、大小不一的现象，虽然这种现象十分普遍，但成因却各有不同（图2-13）。

嫩枝扦插中由于剪取植物材料的部位不同，腋芽发育状态不同，新梢萌芽时间和生长势不同，导致苗木的生长高度不完全一致，因而产生出苗不齐的现象。

根段扦插由于根段营养体饱满程度不同，不定芽诱导的部位和萌发早晚不同，根段长度和粗度不同，导致苗木的生长不一致，这种现象比嫩枝扦插出苗更明显。

组培瓶苗移栽炼苗时，苗体较小，且瓶内环境与炼苗环境发生改变，苗木个体间适应环境的能力不同，苗木分化现象也十分突出。

对于各种繁殖方式培育出来的苗木出现的分化现象，主要采取以下措施以保证苗木出苗的整齐度。

1. 抑高促低

对于个别长得较高的苗木进行掐尖，抑制高生长，促进侧芽萌发，确保所有植株都能得到充分的光照，避免大压小的现象。

2. 出圃时的苗木要求

选择苗木规格相对一致，苗木规格达到规定要求（5~7片叶以上），不够规格的苗木留圃继续培养，达到规格再行出圃（图2-14）。

3. 留圃的苗要及时合盘或拼盘，减少苗木占地面积，便于集中管理

经过2~3次分拣出苗后，留下的苗木为数不多，且生长缓慢，这时可以考虑将这些苗木移出大棚。大棚经过整理，重新摆上基质开始下一轮育苗。

育苗密度大,苗木大小分化现象明显,降低育苗密度可以减少分化,但也降低了单位面积的出苗量,唯一的办法是分时段分批次出苗

图 2-13　构树高密度苗床育苗

苗木装筐现场。挑苗后应及时合盘,减少管理面积,同时准备新基质入棚

图 2-14　构树密器苗出圃

(三十一)选择怎样的无纺布容器规格、装筐的材质和筐体大小,才能保证苗木周转过程的正常生长和降低每株苗的运输成本?

1. 无纺布容器的规格

目前常用的无纺布容器有两种规格,即 4 厘米 ×8 厘米和 5 厘米 ×8 厘米,容器规格再小,根系生长空间不足,基质的缓冲力较弱,温湿度波动大;容器规格再大,生产、装运成本相应提高(图 2-15)。苗木在苗床上停留的时间短,育成后很快下地,过大的容器规格没有必要,另外还有重要的一点,无纺布容器是无底的容器,容器规格再大,基质和根系难以在短时间形成根团,需要拉长出苗的时间,否则基质会发生掉土现象。

在这两种规格中,又以 4 厘米 ×8 厘米规格最为适宜,这是由育苗周期、管理成本、苗木造价等综合因素确定的。但是在一些特殊情况下,可选用规格 5 厘米 ×8 厘米的容器。比如就地育苗就地栽植;在一些杂草危害严重的地块,为了减少杂草的干扰和栽后管理的强度,确立苗木的高度优势,使苗木能够自行进入正常生长状态;在一些不方便管理、且要求一次栽植一次成苗的山区造林。

2. 装筐的材质和筐体大小

构树苗运输使用的用具为塑料筐,一般由再生料制成,供一次性使用,造价便宜。主要使用的塑料筐规格有两种,较大的一种是,价格约为 9 元/个,装规格 4 厘米 ×8 厘米的容器苗可装 90 余株;较小的一种是,价格约为 6 元/个,装规格 4 厘米 ×8 厘米的容

二、构树苗木培育

(1)

(2)

(3)

左下侧照片(3)中左边为口径5厘米的无纺布密器，每个托盘可装50个；右边为口径4厘米的无纺布容器，每个托盘可装72个

图2-15 常用的两种规格的无纺布容器和两种规格的装苗塑料筐

器苗可装70余株，分摊在每株苗上的成本约为0.1元。原先也有用纸箱的，但要用塑料薄膜衬底，装箱、运输、炼苗等过程会遇到不少的问题，已经逐渐地被塑料筐所代替。

构树商品苗选择无纺布容器的规格4厘米×8厘米为宜，而选择塑料筐，两种规格的都可以使用，没有太大的差别。

(三十二)如何提高苗木出圃到运达造林地的苗木成活率？途中运输应注意哪些问题？

1. 容器苗的炼苗

容器苗在培育过程中是在相对可控环境条件下完成的，育成后需要进行露地移栽或运输时，苗木所处的生长环境与原先的生长环境已有很大不同，苗木必须经过炼苗处理，适应了外界环境后，才能安全出圃。

所谓炼苗就是采取放风、见光、降温、控水等措施对幼苗进行适应性锻炼，增强其对高温、强光、大风等环境条件的抵抗能力，使得苗木在新的环境下不萎蔫、不掉叶、不缓苗，快速进入正常的生长状态。炼苗可在保护地或育苗设施内进行，也可在苗木装筐后放在临时炼苗场地进行。由于整床的苗木不是一下出尽，还会有一些苗木需要留圃培养，因而出圃苗在临时炼苗场地炼苗，留圃苗继续留在保护地或育苗设施生长为宜，这样出圃苗和留圃苗都适得其所（图2-16和图2-17）。

图2-16 装筐时苗木应放正，保持正常的生长状态

图2-17 装筐时苗木忌横着放，否则易捂苗，且不利于到地头的管理

一般情况下，出圃苗木经一次炼苗就可以了，但如果出现炼苗不充分、运输距离过远、苗木到达造林地后出现萎蔫现象时，必须在造林地进行第2次炼苗（图2-18）。具体的做法是把苗木平放，留出管理步道，事先准备好喷雾器和遮阳网，若过光不强，用喷雾器喷水就能控制萎蔫，就不用遮阳网，如过光太强，就必须是遮阳网遮阳和喷雾器喷水一并使用。苗木的管护应在全天进行，尤其是中午的时候要特别留意，留有专人照看，确保苗木叶片不萎蔫。炼苗有个1~3天时间，苗木中午也不萎蔫了，就可安排苗木下地。炼好的苗木下地后一般也是挺着的，能及时浇上水更好，不能及时浇上水问题也不大，干旱的地区可结合降水进行栽种。

其实，苗木达到造林地后，苗木在塑料筐内也是在生长的，不用想抢时间赶快栽到地里才好，各方面工作安排妥当可起到事半功倍的功效。否则苗木仓促下地，容易造成叶片

二、构树苗木培育

萎蔫直至脱落，苗木需要重新萌发新芽，影响当年的生物量，就是发现问题了也不好解决，因为苗木散在大田里，管理的强度大得多，苗木的炼苗问题一定要在下地前解决好（图2-19和图2-20）。

图2-18　发苗前的露天炼苗

图2-19　无纺布容器苗装车

在炼苗过程中，随着湿度降低和光照增强，一些从无纺布容器侧壁伸出的根系会发生死亡，即空气断根或气剪，如果炼苗的时间较长，则有助于侧根的萌发；但是炼苗时间短而又很快造林，伤根后而又不能得以恢复对造林成活率会有一些影响。如果在育苗过程中就完成断根处理是最好的选择。

塑料筐内的苗木一定要垂直摆放，个别地方把苗木横着摆放，这样做法对运输途中和到达造林地的苗木都会产生一系列问题和麻烦。

图2-20　苗木到达目的地后，进行第二次炼苗和肥水管理

2. 容器苗装运

容器苗在生长季节带叶栽植，保证苗木的活力并在尽可能短的时间实施造林十分重要，因而造林地的准备工作应与育苗、炼苗工作要步调一致，做到容器苗起苗与造林时间衔接得当，随出随用，随到随栽；做到从容器苗的出圃、炼苗、运输到移栽的各个环节有序进行，环环相扣。

装车前1天应统一浇足浇匀水分，装车时无须再补充水分，运输途中基质有一定的含水量即可，过多的水分弊大于利。装好车应用苫布包裹严实，避免风干失水。苗木下车后，把装苗塑料筐放平，将苗木，包括基质浇透，水里也可加入0.1%的尿素，相当于一次叶面和根系液肥灌根，以后就用清水进行叶面喷雾直至苗木下地。

（三十三）设施育苗过程中，为保证扦插环境的卫生和清洁，应如何进行基质或土壤消毒，棚内空气消毒和植物材料消毒？

1. 基质或土壤消毒

采用基质或土壤消毒方法可有高温处理和药剂处理，但药剂处理相对简便易行，可操作性强，生产上广泛使用的是药剂处理。

（1）福尔马林（40%工业用）

灭菌用1:50（潮湿土壤）或1:100（干燥土壤）药液喷洒至基质含水量60%状态即可。搅拌均匀后用不透气的材料覆盖3~5天，撤除覆盖翻拌无气味后即可使用。

（2）硫酸亚铁（3%工业用）

硫酸亚铁不仅可以用作杀菌剂，还可以改良碱性土壤。每立方米基质用硫酸亚铁25千克，翻拌均匀后，用不透气的材料覆盖24小时以上，或翻拌均匀后装入容器，在圃地薄膜覆盖7~10天即可播种或扦插。

（3）代森锌

代森锌是一种广谱性有机硫杀菌剂，可防治由真菌引起的多种病害如叶斑病、黑斑病、褐斑病、炭疽病、锈病等，对白粉病防治效果差。在病害发生初期使用，防治效果较好。代森锌经日光照射及吸收空气中的水分后分解，有效期短，仅7天左右，因而要连续多次施药，方能收到好的效果。每立方米基质用药量10~12克，药剂与基质混拌均匀即可。

（4）高锰酸钾

高锰酸钾是一种广谱型杀菌剂，遇基质作用即释放出新生态氧而且起到杀灭细菌作用，杀菌力极强，但极易为基质所减弱，而且由于高锰酸钾分解放出氧气的速度慢，浸泡时间一定要达到5分钟以上才能有效杀死细菌。配制好的水溶液应当尽快使用，当溶液变成褐紫色时则消毒作用减弱。高锰酸钾的常用浓度为0.3%~0.5%。

（5）多菌灵

多菌灵是一种高效低毒广谱内吸型杀菌剂，干扰菌丝体有丝分裂中纺锤体的形成，阻止细胞分裂，并具有保护、治疗作用及杀螨作用。多菌灵能通过植物叶片和种子渗入植物体内，耐雨水冲洗，有效期长。叶面喷雾有效期长达10~15天，在多雨条件下最短也能维持7天。

（6）甲基托布津

甲基托布津是一种内吸型广谱杀菌剂，能防治多种真菌，主要是使病菌孢子萌发异常，从而达到杀菌目的。甲基托布津的常用剂型为70%的可湿性粉剂，使用浓度为1 000~2 000倍。甲基托布津不能与铜制剂混用，在阴凉、遮光下保存。

（7）辛硫磷（50%）

辛硫磷是一种高效低毒低残留的杀虫剂，主要是起触杀和胃毒作用，无内吸作用，但有一定的熏蒸作用和渗透性。对害虫击倒快，残效期短。杀虫谱广，可用于防治鳞翅目、双翅目、同翅目害虫和害螨。杀虫机理是抑制胆碱酯酶的活性，使害虫中毒死亡。每立方米基质用药量10~15g，基质与药剂混合均匀后，用不透气材料覆盖2~3天。辛硫磷容易光解，宜在阴天和傍晚使用，无光条件下稳定，药效可达1~2个月；叶面喷雾有效期仅2~3天，对虫卵有杀伤力。

2. 棚内空气消毒

（1）高温闷棚法

将大棚全部封闭，利用太阳光辐射和棚内高温进行消毒。密封暴晒数天，基质温度可达40度以上。

（2）药剂熏蒸法

可用45%的百菌清烟熏剂或30%速克灵烟熏剂，百菌清烟熏剂对多数真菌性病害有效，速克灵烟熏剂对灰霉病为主的病害有效。烟熏剂的剂量为每立方空间0.2~0.3克。每亩用量：45%的百菌清烟熏剂200~250克，30%速克灵烟熏剂300~500克，均匀放置后，分别点燃，随即密闭烟熏2~3小时。

3. 植物材料消毒

（1）百菌清是高效、广谱性杀菌剂，具有保护作用

在植物表面易黏着，耐雨水冲刷，残效期一般7~10天，主要用于锈病、炭疽病、白粉病和霜霉病。插条可用75%可湿性百菌清粉剂600~750倍液浸蘸。

（2）插条的消毒

可用多菌灵或25%可湿性粉剂400倍液浸蘸进行消毒。

（三十四）育苗过程中，为减少植物材料的腐烂和污染扩散，应如何采取措施进行防范？

育苗过程经常会遇到叶片落叶、插条基部腐烂等现象，原因主要有：基质或植物材料消毒不彻底、育苗的环境（温度、湿度和光照）不合适和管理措施不到位等，因而需要根据实际情况，有针对性地加以处置。

1. 首先判定基质或植物材料消毒是否彻底

育苗大棚是一个相对封闭的环境，其内所有的材料或物品应是无菌的或几乎无菌的，如同室内组织培养，有菌存在就给苗木的繁育带来隐患。消毒杀菌看似是一个不起眼的工作，但却是一个必须做好的工作。严格按照消毒的流程和要求，这项工作做好是不难的。

2. 其次判定育苗环境是否合适

育苗环境是苗木生根发芽最重要的外部因素，比其他一些促进生根发芽的因素都要重要，适宜的扦插环境在不借助其他辅助因素也能顺利完成育苗过程。因为在适宜的扦插环境下，植物体本身自有的激素合成、根原基的诱导也能自然完成，当然借助其他辅助因素使育苗过程完成得更加顺利。在确定基质或植物材料已消毒彻底的情况下，出现苗木异常或死亡，就是育苗环境不适造成的。如构树需要高温高湿的条件、基质水分相对低而空气湿度相对高的条件、育苗过程遮光率由高到低的变化等，其中任何一种不适宜的育苗环境都会造成不良的后果。

3. 育苗出现问题的妥善处置

构树育苗过程出现问题一般都呈点状分布，如果出现成片或大面积死亡那都是前两项工作做得太差，还没有入门。就点状分布而言，就应该及时清理植物残体，并且进行杀菌消毒。弄清楚病害种类的，就使用针对性的杀菌剂；一时难以确定病害种类的，就使用广谱性的杀菌剂，或者交替使用真菌或细菌杀菌剂。植物残体是一个污染源，不及时清除会很快殃及周边健康的植株。

（三十五）嫩枝扦插过程中常出现僵苗现象，即根长出而腋芽迟迟不发，如何进行插前处理或问题出现后的处理？

1. 僵苗现象

僵苗现象在嫩枝扦插过程中时常出现，有时可占到出苗 10% 以上，甚至更高。僵苗一旦出现直接影响到整个出圃的合格率，给苗木生产带来不必要的损失。

僵苗症状类似休眠，通常是由内部生理原因决定的，即使外界条件（温度水分）适宜也不能萌动和生长。

2. 僵苗的处理

僵苗的处理可以通过化学方法加以解决，一般常用赤霉素，进行叶面喷施，也可用乙醚熏蒸。也可以通过物理方法加以解决，即在获取插穗前几天，对拟采穗母株上的枝条进行顶芽掐尖处理，促进腋芽萌动或膨大，降少僵苗出现的机率。

僵苗经过一段时间的处理仍未出现好转，可移至大田集中栽植，避免长时间占用育苗设施。僵苗在大田适应一段时间后就会陆续长出新芽，恢复正常生长状态。

（三十六）目前无纺布容器制作机的工作原理和主要机型是什么？与之配套的产品有哪些？其用途和规格是多少？

无纺布控根容器是由无纺布材料、轻型基质通过机械热压而制成的。无纺布属非织造布，是一种不需要纺纱织布而形成的织物，而只是将纺织短纤维或者长丝进行定向或随机排列，形成的纤网结构（图 2-21 和图 2-22）。无纺布的生产过程比传统的纺织工艺过程简单，生产速度快、产量高、生产成本大幅度降低。

目前无纺布容器制作机有两种机型：立式或卧式，卧式自动化程度较高，可完成无纺布容器制作和切割，应用较广。下面是卧式无纺布容器制作机的工作原理。

无纺布容器制作机主要由无纺布材料系统、轻基质输送系统、无纺布填料和封合系统、切割和计数系统组成；无纺布材料系统主要是无纺布卷与导向轮连接组成，且带状无纺布材料继续与齿状热压板、出料管接触；轻基质输送系统主要是料斗、出料管、调解跑偏整形轮、导向轮、提升机组顺序连接；无纺布填料和封合系统主要由电机、机械传动转换装置和续振热压板的顺序连接，在上述系统可将包被材料通过续振热压板，热压封合成圆筒状容器袋，机器中的变径螺杆不停的旋转、将基质送到封合的无纺布袋里，采

图 2-21 卧式无纺布容器制作机,一机即可完成无纺布袋的热封、切割和记数工序

图 2-22 无纺布容器切割后,单个容器集中装盘,并将装上基质的托盘放入箱中

用快速振动、瞬间重复热压封合,形成连体筒状基质袋;切割和计数系统对连体筒状基质袋进行切割,形成一个个单体容器。切割的同时计数器自动计数,可记录某时段的生产量。无纺布控根容器呈圆筒状、无底,生产出的产品,需要及时用托盘或专用控根穴盘盛装,码放在苗床上,或者装入纸箱中备用或外运(图 2-23、图 2-24、图 2-25、图 2-26 和图 2-27)。

无纺布控根容器直径一般不超过 6 厘米,长度在 10 厘米以内,常用的两个规格是 4 厘米 ×8 厘米、5 厘米 ×8 厘米。超出这个范围,会在一定程度上影响根系抱团,延长苗木留圃时间,提高育苗的成本。

图 2-23 装入箱中的基质和托盘

图 2-24 基质箱运抵育苗设施内

二、构树苗木培育

无纺布容器装入托盘后,相邻容器的根系会产生串根现象 | 无纺布容器装入穴盘后,容器间有隔断,根系不能穿隔断而发生缠绕 | 无纺布容器装入控根穴盘后,容器间有隔断,且隔断有镂空,根系可从镂空外长出,为空气断根创造了条件

图2-25 托盘　　　　　图2-26 穴盘　　　　　图2-27 控根穴盘

3种育苗盘具有不同的控根效果,育苗时可导致根系走向、分布和形态的变化,控根效果由弱到强的依次顺序为:托盘、穴盘和控根穴盘。

(三十七)构树容器苗的出圃规格和质量要求?

1. 容器苗的分级指标

容器苗在培育过程中,由于所用植物材料个体存在一定差异,出苗或生根的时间不一致,苗木间的竞争较为激烈,苗木的分化现象严重,制定容器苗分级标准,实行容器苗分级化管理十分必要。通过苗木分级,有助于加强苗木的标准化管理,确定苗木质量标准,从而保证林地造林质量,实现苗木分级造林和规范化管理。实践证明,分级造林能有效地减小林分个体间的差异,使林相更加整齐。

目前,我国苗木分级标准主要参照两个指标。

(1)苗木形态指标

包括苗高、地径、枝叶数量以及根系的数量和长度等。苗木形态指标比较直观,操作性强,并可定量化表述,是现行使用最多的苗木分级标准。对于容器苗而言,还要注意根系的成团性。致密的根团对造林十分重要。因为如果没有形成致密的根团,基质容易发生散坨,起不到对根系的保护作用,失去了培育容器苗的意义,而且会明显降低容器苗的成活率(图2-28)。

图2-28 苗木装筐时,苗木高度不以超过筐沿为宜,超过筐沿的苗木应掐头,保持苗木的整齐和管理的方便

(2)苗木的生理指标

包括苗木的色泽、木质化程度、苗木的长势和根生长潜力。该指标在生产上应用不多。

2. 容器苗的分级和出圃规格

基于容器苗的分级指标,就可以对苗木进行分级。各种苗木的分级有所不同,根据构树容器苗的生长的具体情况,可将其分为3个等级,即Ⅰ级、Ⅱ级和Ⅲ级。其中,Ⅰ级、Ⅱ级为合格苗木,可以出圃;而Ⅲ级为等外苗,为不合格苗木,不能马上出圃,需要留床继续培育,直到达到出圃规格。

现构树无纺布控根容器苗分级办法还没有出台,但根据目前普遍认可的苗木形态指标和数值，容器基质以及苗木装运所用筐体的大小，特拟定了构树无纺布控根容器苗分级和出圃规格（表2-2）。仅供参考。

表2-2　构树无纺布控根容器苗分级和出圃规格

苗木等级	株高（厘米）	叶片数量	根系状况	与基质的结合程度
Ⅰ级苗	≥15	7片以上	根系发达，侧根多而密	成团性好，不散坨
Ⅱ级苗	10~15	5~7片	根系较发达，侧根较多	成团性较好，基本不散坨
Ⅲ级苗	≤10	5片以下	根系稀少，侧根少	成团性一般，个别散坨

苗木出圃质量除了达到上述要求外，苗木还需生长健壮、叶色纯正、没有机械损伤和病虫害（喷洒叶面肥和修理枝叶除外）。

（三十八）促进构树生根/发芽的措施有哪些？请予以说明。

不同树种无性系育苗难易程度不同，选用的育苗方式也不同，就构树而言，其育苗难度属中等水平，但是育苗方式却有多种，这为构树快繁技术的实施提供了更多的选择和有利条件。为了提高构树育苗成活率，一般都会对植物材料进行前期处理。前期处理包括化学方法和物理的方法，前期处理工作做得到位，接下来的育苗工作就顺利得多，下面介绍几种早生根—发芽、快生根—发芽、多生根—发芽、提高成活率的措施。

1. 化学方法

（1）植物生长调节剂

生产上经常使用生长类激素来促进插穗生根，主要有萘乙酸、吲哚乙酸和吲哚丁酸等。使用时要掌握好激素的浓度和处理时间。浓度过小、时间过短起不到催根作用。浓度过大、时间过长，反而抑制生根，甚至使插穗死亡。所以应根据不同生长激素和气候条件确定，一般硬枝扦插比嫩枝扦插浓度要高，气温低比气温高时浓度要高。主要处理方式有：

① 低浓度药液浸泡。萘乙酸用少量酒精或70℃温水将其溶解，然后加水稀释到50~200毫升/千克（$\times 10^{-6}$）浓度，硬枝浸泡12~14小时，嫩枝浸泡6~8小时，取出扦插，效果明显。

② 高浓度药液速蘸。用萘乙酸或吲哚丁酸1克，加2毫升95%的酒精溶解后，对水稀释到500~2 000毫升/千克（$\times 10^{-6}$）浓度，然后用扦插枝条的下部速蘸，时间停留5~30秒钟，可提前生根，根系发育健壮，且枝叶繁茂。

（2）ABT 生根粉处理

ABT、国光生根粉（剂）是由植物生长调节剂复配而成，对硬枝、嫩枝进行生根处理，效果都十分明显，不仅成本低，而且操作方便，其使用浓度和浸泡时间应根据不同树种的特性和使用说明确定。

（3）催根素处理

催根素是一种复合型生长素，成品为黑色粉末，性质稳定，不易变质失效，使用极为方便。扦插时把插穗放在水中浸湿，再蘸上催根素，或先把粉末加水拌成糊状，再蘸插穗，然后扦插。

（4）醋酸处理

醋酸或食醋溶液含有生长素类物质，可促进插穗生根。一般使用浓度为5%的醋酸或食醋稀溶液，将硬枝浸泡12~24小时，嫩枝浸泡6~12小时取出扦插。这种方法具有加快诱发根原基，促进发根，比用其他植物激素，快速、安全、价廉。

（5）蔗糖液处理

用蔗糖浸泡扦插枝，可以补充插枝营养物质的不足，从而促进生根。将蔗糖配成1%~5%的溶液，硬枝浸泡20小时，嫩枝浸泡10小时，然后扦插。

（6）复合肥水溶液处理

用0.1%的氮、磷、钾复合肥液，或用0.1%~0.2%、磷酸二氢钾肥水溶液浸泡12~14小时，能满足插穗生根、发芽所需要的养分和水分，从而生根快、发芽早、成活率高。或用0.1%的尿素与磷酸二氢钾混合肥液喷洒苗圃地或浸泡插穗，生根效果良好。对萌发出新嫩枝叶的插穗喷洒时，浓度须降低一半，同时使氮的比例小于磷、钾，效果更为理想。

2. 物理方法

（1）挖沟（坑）窖藏

一般在入冬土壤封冻前进行，根据所在区域冬季所在气温的高低，选择浅沟窖藏或深坑窖藏。浅沟窖藏时，先挖好沟，沟底铺上一层马粪，上面再铺上湿沙。马粪发酵后产生热量，提高沙藏坑的温度。将已剪好的插穗，正放（极性朝上）在坑内，然后用湿沙填满。由于沟下面的温度高，有利于生根；沟上面的温度低，有利于控制芽苞萌动。深坑窖藏时，坑深要深于于冻土层，深度达到1~2米，坑长根据窖藏插穗的数量而定。为了简化操作，可一层沙子一层插条，插条平摆即可，一直码到离坑口上沿50~80厘米时为止，然后在坑上横向摆上木版并用草帘覆盖，其上可培土保护，每条坑可留出一个通气口。

（2）温床催根

一般在土壤化冻前后进行，此时气温、土温偏低，硬枝扦插生根困难，可先采用温床催根后再行扦插。就近选择排水良好、背风、向阳的地方，挖深 25 厘米，宽 1 米的低床。床的北面稍高、南面稍低，床底铺河沙，将剪好的枝条倒埋在河沙床上，盖上湿沙并洒上水，再盖上塑料薄膜以提高沙床内的温度。床上面向阳、温度高，有利于生根，床下面温度低，有利于抑制发芽。

两种物理方法是充分利用植物极性和苗床不同深度的温度差的相互关系，达到休眠枝条抑芽促根的最佳处理效果。也可根据植物材料（硬枝或根段）的不同，作床铺设地热线进行催根或催芽。

（三十九）植物扦插生根/发芽的机理是什么？构树愈伤组织和生根的关系是什么？

1. 植物扦插生根/发芽机理

植物扦插生根—发芽是利用植物的一部分器官（枝条、根段，甚至叶片），扦插在某种介质（单一基质或混合基质，如沙砾、草炭）上，在适宜的环境下，诱导出不定根或不定芽，从而形成一个完整的植株的过程。根据选用的植物材料的部位不同，大体上可分为枝插、根插和叶插。其中枝插又可分为硬枝扦插、嫩枝扦插、半硬枝扦插；单叶扦插在某些植物上可以使用，但实用性不强，很少被采用。

扦插生根—发芽的机理是基于植物的细胞具有全能性，每个细胞都具有相同的遗传物质，在适宜的环境条件下，具有潜在的形成相同植株的能力。同时，植物体具有再生机能，即当植物体的某一部分受伤或被切除而使植物整体受到破坏时，能表现出弥补损伤和恢复协调的功能。其中枝插生根是在枝条内的形成层和维管束鞘组织脱分化，诱导出根原始体，进而长出不定根，最终形成根系；而根插是在根的皮层薄壁细胞组织诱导出不定芽，进而最终形成茎叶。

2. 植物扦插生根/发芽与外界环境条件的关系

（1）温度

温度是插枝生根的一个重要的因子，如春季硬枝扦插，一般树种以 15~20℃ 为适宜，也有需要温度高于 20℃，如木槿、石榴等；而夏季嫩枝扦插，温度通常以 25℃ 左右为宜。

（2）湿度

包括土壤或基质以及空气两个方面，一般来说，基质湿度相对小，空气湿度大。特别是嫩枝扦插，要求空气湿度近饱和，空气相对湿度最好在 90% 以上，以保持插枝叶片挺立。因此，育苗设施需要密闭的环境，南方空气湿度大，嫩枝扦插可在开放环境下育苗。随着枝插生根过程完成，可逐渐降低空气湿度和基质湿度，这样有利促进根系生长和苗木健壮。

（3）光照

嫩枝扦插生根过程需要有一定的光照条件，适当的光照可促进叶片制造光合产物，促进生根，但生根过程需要的光照强度不同，扦插前期光照要弱，防止叶片水分过度蒸发，造成叶片萎蔫或灼伤，育苗设施可采取适当遮阳处理；扦插后期光照要强，加快苗木快速生长。

3. 构树愈伤组织和生根的关系

植物有3种生根类型：一是愈伤组织生根，通常是在插枝基部剪口断面处，先产生愈伤组织，而后产生不定根；二是皮部生根；三是两者兼有。构树属皮部部生根类型，构树生根与愈伤组织没有直接关系，构树可在愈伤组织形成前就可生根，反而愈伤组织对构树生根有强烈的抑制作用，一旦愈伤组织发生较多，构树生根会延迟生根或难以生根（图2-29）。构树愈伤组织的形成与扦插环境不适有密切关系。

（1）

（2）

图2-29 枝条扦插繁殖经常会遇到愈伤十分发达，而新根迟迟长不出来的现象，这主要与基质水分过大、温度过低有关

三、构树丰产栽培技术

（四十）为什么说生物量是构树栽培管理中最要优先考虑的指标？在构树栽培中应该从哪些方面加以落实？

构树是蛋白饲料的来源之一，面临着来自苜蓿等草本植物和来自桑树等木本植物的挑战，只有占据特点突出、具有比较优势的制高点才有生存和可持续发展的资本。对于不同的蛋白饲料植物，其竞争力体现在两个方面，一是单位面积上比产量（生物量），二是单位产量上比质量（蛋白质含量），能够做到产量和质量相互统一的饲料植物在市场上才有出路，在产业上才能走得好走得远。由于这类植物全株利用，只要控制好株高和刈割时间，蛋白含量一般在13%~19%范围内，蛋白含量是相对稳定的；而这类植物的生物量却起伏很大，即使同样的植物在不同的栽培管理条件下生物量也会相差甚远，因而生物量是一个可以通过人为干预达到理想状态的一个指标，也是权重性较大的一个指标。

饲用构树是超短轮伐期树种，特点就是高密度栽植，快速生长，快速刈割，通过一年多次收获，使生物量积累到一定的水平，实现土地单位面积收获量的最大化。生物量是构树产业链前端的成果和末端加工的基础，只有获得较高的生物量，饲料的成本才能下来，构树饲料才具有竞争力。没有足够的生物量做保障，构树产业开发就难有长足的发展。

围绕着提高生物量这个中心，就要在良种选育、低成本高功效和丰产优质栽培技术上下功夫，建立科学和行之有效的技术规范和技术路线，通俗地讲就是"良种＋良法""三分种七分管""理论要与生产实践相结合"等。

1. 所谓良种

就是优良品种，它是通过国家有关部门审定或认定的品种，在适应性、丰产性、优质性、抗逆性等方面与普通的树种或实生树种表现出差异性、优异性和一致性。

2. 所谓良法

就是栽培管理方法，包括选地、整地（整地方式、覆膜与否）、种植（种植时间、种植密度、苗形选择）、除草、肥水管理（叶面、根部）、病虫害防治和刈割（刈割高度、刈割次数）等内容。其中种植密度一定要体现出构树超短轮伐期的特点，实行高密度栽值，因为在一定的范围内，密度与生物量正相关，密度大，生物量才大，否则生物量上不去。从目前的构树种植情况来看，栽值密度最小不应低于1 000株/亩。

（四十一）目前生产上使用的构树品种有哪些？规模化种植应该怎样进行选择和配置？

目前用作饲料构树的品种主要有杂交构树、日本光叶楮和实生构树。在全国大部分构树新发展产区基本上使用的是杂交构树，在江苏省、浙江省、湖北省和广西壮族自治区部分省区的构树老产区日本光叶楮使用得较多，而在贵州省等西南产区在使用实生构树的同时，近年也开始引种杂交构树。

1. 实生（野生）和杂交构树的主要特征

（1）构树

多年生落叶乔木或亚乔木，全株含乳汁。树皮平滑，浅灰色；叶互生，宽卵形至长椭圆状卵形，叶缘具粗锯齿，全缘不裂或2~5不规则浅或深裂叶。小树之叶常分裂明显，老树则不明显；叶片长7~20厘米，宽6~15厘米；叶柄长2.5~8厘米，被柔毛，叶片上表面有糙毛，而下表面则密生柔毛。叶脉为三出脉，主脉向下突出，主脉旁边生有7~10对大侧脉，伸至叶缘时分支成小叶脉。主脉和侧脉之间还生有数量庞大的支脉，相互交错形成呈网状，各级脉上都分布有大量的被毛。

雌雄异株，雄花序为柔荑花序，棒状长5厘米左右。雌花序球形头状。聚花果圆球形，直径1.5~3厘米，成熟时中央为木质果托，外被肉质浆果；每个单花顶端有一瘦果，具与等长的柄，表面有小瘤，龙骨双层，外果皮壳质。花期4—5月，果期6—9月。

自然界中雌、雄株一般呈不均匀分布，雄株所占比例比雌株高。构树根系同样发达，根冠比大，侧根呈水平分布。

（2）杂交构树（101）

多年生落叶亚乔木，在条件优良地方植株高达10多米，生长环境差的地区株高5~10米。叶大型，宽卵形，长25~35厘米，宽20~30厘米，3~5深裂或不裂，先端锐尖，基部心形，边缘有锯齿，叶面光滑无毛，三出脉；叶柄长10~13厘米。花单性，雌株；雌花聚合花序，球形，败育，不能形成种子。

（3）日本光叶楮

是日本从野生构树中选育的一个变种。多年生落叶亚乔木，叶片大而肥厚，叶柄短，叶片绒毛少，节间长，枝杈少，叶柄及叶片淡绿色，休眠枝条为棕红色。花单性，雄株；柔荑花序。

（4）饲构 1 号

是截至目前唯一经过国内选育并通过省部级审定（或认定）的构树新品种。其粗蛋白和氨基酸含量分别高出普通构树 2.89% 和 7.59%，同时其粗蛋白含量还比日本光叶楮多 1.40%。其植株健壮，树体生长旺盛，适应性强，对土壤和气候条件的要求不严，具有广泛的适应性和饲用价值。

2. 构树品种选择与配置原则

规模化种植应实行品种的多样性和单一性的统一，一方面为充分利用生物间相生相克的关系，避免引发的病虫害的集中暴发，尽量采用多品种种植，一定区域内以 1~3 个品种为主栽品种，其余为辅助品种；另一方面为造林和管理的方便，在某一地块或某些地块采用单一品种种植，在整体布局上呈现网格状分布，即整体上的混交林，局部上的纯林。

（四十二）容器苗种植专用的机械或工具有哪些？请分述之。

目前使用的容器苗种植专用的工具或机械主要有手持植苗器和植苗机 2 大类共 3 种。

1. 手持植苗器

（1）容器苗植苗锹（A 型）

它由 3 个部分组成，上部是个手柄，供手臂向下用力，下部是个杯状铲，中部为联结部分，其下端焊有脚蹬，供脚下用力。工作时，两手握紧手柄将植苗锹沿着画好的线或对准栽植点向下用力，若力不足或土壤较硬也可借助脚蹬，把杯状铲完全插入土中，然后将植苗锹提起，由于杯状铲上口大下口小，提起植苗锹的同时，把土也带出来，即形成种植穴，随后开始第 2 个、第 3 个至若干个开穴操作，每次操作都是杯状铲带出新土的同时，上个操作滞留在铲中的土被挤出来的过程，不断重复"一插一提"两个动作，就开挖出一行行整齐的种植穴，供下面种植之用（图 3-1）。

此工具适应于土地整理疏松后进行，特别适应于覆膜的情况下使用。

（2）容器苗植苗锹（B 型）

一种挖穴和栽植同时进行的工具，它是由 3 部分组成，中间部分为中空的细长圆筒，上端安有单手活动手柄，下端为锥形铲。手柄和锥形铲为联动装置，锥形铲受手柄握紧或松开而可以开合。种苗时，将植苗锹插入土中，苗木从中空的圆筒上端口放入，苗木垂直落到被锥形铲撑开的种植穴中，然后上提植苗锹并且插入下一个栽植点，这时苗木仍留在

 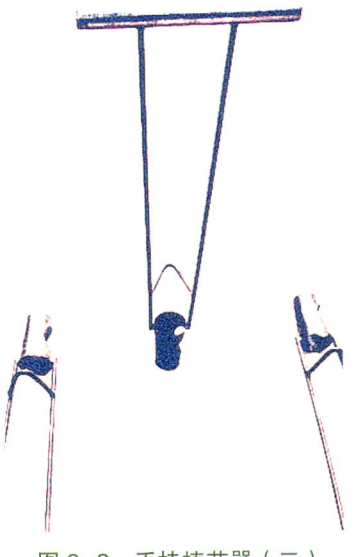 

图 3-1　手持植苗器（一）　　图 3-2　手持植苗器（二）　　图 3-3　不具镇压功能的容器苗植苗机

原地，而上提植苗锹后周边的土会复位将苗木入土部分埋住，由此完成开穴、种苗整个操作过程。使用该种工具植苗，可由一人独立完成，也可一人投苗，一人操作工具两人配合完成（图 3-2）。

此工具适应于土地整理十分疏松，土地黏度较低情况下进行。

（3）容器苗植苗机

容器苗植苗机由许多类型，按开沟方式，可分为间断式和连续式两种，一般由机架、操作员座椅、植苗器、覆土压实装置等组成，依次完成开沟（穴）、人工投苗、苗木入位和镇压等四道工序。根据土地整理状况和地膜覆盖与否选择合适的容器苗植苗机（图 3-3 和图 3-4）。

图 3-4　具镇压功能的容器苗植苗机

容器苗植苗机目前在构树种植上还存在一些问题，比如漏苗、上苗不便、苗木入位不正、镇压不实等，没有达到实用成熟的阶段，需要进行改进和调整。

三、构树丰产栽培技术

（四十三）构树生长过程中，一直伴随着杂草的滋生，如何有效地进行杂草防除？

杂草防除是一项不可缺少的栽培技术措施，也是苗木管理费用中较大的一项支出，制定科学合理的杂草防除方案并加以落实是解决杂草问题的当务之急。杂草防除应本着"除早、除小、除了"的原则，根据构树生长不同阶段、杂草类型、构树产品农药残留允许范围，来确定杂草防除的方法、除草剂使用与否以及如何使用等相关事宜。杂草防除的方法主要有人工除草、物理控草、机械除草和除草剂灭杀。由于每种方法都有一定的局限性，应视具体情况酌情使用。下面介绍一些除草的方法和经验。

1. 苗木种植前后杂草防除

（1）整地后机械覆膜

一般选用黑膜，黑膜控草效果好。为了提高地温，也可使用透明地膜，但最好结合封地类除草剂，如氟乐灵、乙草胺、果尔，一并使用，效果更好（图3-5）。

图3-5 覆膜抑草

(2)苗木种植季节的防除

当地面已有杂草时,可考虑使用草甘膦先行灭草,然后进行整地和种植。草甘膦属灭生型除草剂,具有传导性,可使杂草地上部分和地下部分一并发生死亡,从而使杂草达到斩草除根的目的。凡经灭草处理再行整地,可极大减少杂草出现的几率,而不经灭草处理直接整地种植,一些宿根杂草会再次长出,增加后期除草的工作量。

2. 构树生长过程中的杂草防除

(1)化学除草与人工除草的结合,机械除草与人工除草的结合

长期使用化学除草易造成土壤板结,降低土壤的透气性,以及化学除草和机械除草都存在杂草清理不彻底的问题,需要进行人工除草(图3-6)。一般一年1~2次,宜在灌溉后或降雨后进行,松土深度5~10厘米(中耕)不要伤及树根。中耕除草有利于构树苗快速生长,不但能有效防止杂草与幼树争夺土壤水分和养分,而且能提高土壤通气性,促进土壤微生物的繁殖和土壤有机质的分解,改善构树根系的呼吸作用。

图3-6 人工松土除草

(2)平茬后的构树防除

在翌春芽体尚待萌发前,全园使用果尔进行封地处理,即用23.5%果尔乳油除草剂,每公顷750~1 200毫升,加水750千克,均匀喷雾于地面。封地处理可阻止杂草萌发,而

对构树的发芽影响不大，即使有时会有点药害，但很快能够恢复生长。

（3）构树林地的杂草的防除

以禾本科杂草为主时，可利用某些除草剂的选择性进行全面灭杀。如用 10.8% 高效盖草能乳油，每公顷 375~750 毫升，对水 750 千克，均匀地喷雾于苗木行间做杂草叶面处理，可有效地防除一年生禾本科杂草，而对构树这种阔叶类的苗木生长没有影响。

（4）构树采用宽行距低株距时的防除

行间的杂草可考虑使用草甘膦处理，打开无草通道，便于人工除草和管理，但使用时喷雾器应装上防护罩，压低喷头，有针对性地喷雾于杂草上，切记有风的情况下不要使用，以免药液产生漂移，对构树产生伤害。在杂草高 20~30 厘米以下时，可选用 65% 草甘膦可溶性粉剂，每公顷 1 500~2 250 毫升，均匀地喷雾于苗木行间做杂草叶面处理，能有效地防除正在生长的杂草。为了达到杀草和控草的双重效果，也可采用草甘膦和果尔半量混合进行有针对性的喷雾。

（5）构树行距适当，也可进行机械除草

四轮机械骑行在构树树桩上，两边的耘锄翻动土壤表面，起到除草松土的作用，同时还可结合土壤施肥，一机多用，适合规模化构树生产。小型的中耕机械也除草的功能，但操作费力，效率较低，不适合大面积除草作业。

（四十四）苗木的适宜栽植密度是多少？采用这种密度的优点是什么？密度不适宜会产生什么结果？

栽植的趋势是由稀至密，从栽植每亩数十株到 2 000 余株的都有。在一定的范围内，栽植密度大对应的生物量就大，尤其是早期的丰产性能表现越充分。目前普通接受的密度为每亩 1 000 株左右，实际上密度再大些才应是构树造林的适宜密度，相信随着时间的推移和经验积累，栽植密度会趋于合理和准确。目前这种栽植密度主要更多地是考虑苗木价格的问题，未来考虑更多的问题应是生物量、蛋白质含量和机械化采收。

（1）苗木成本

密度大，用苗量就大，但目前苗木价格还在高位运行，若每亩种植成本大，回报期过长，不利于构树全面推广。随着育苗技术的提高，育苗成本降低，构树经营产投比得当，构树产业才能良性发展。

（2）生物量

构树是超短轮伐的树种，植株大数量少此格局对整体生物量的贡献率远不及植株少数量大此格局对整体生物量的贡献率大,尤其是刈割后出现的空旷场景,需要植株快速萌芽展叶、快速见绿和快速进行光合作用,两种格局的分化会更加明显,适度密植有利于生物量的提高。

(3)蛋白质的含量

植物不同组织或器官的蛋白含量不同,同一组织或器官在不同的时间段蛋白含量也不同。幼嫩组织的蛋白含量高,老熟组织的蛋白含量低。可见,只有在"矮、密、早"的栽培模式下,构树植株的蛋白质含量才能得到保障。

(4)机械化采收

木质化程度低的植株有利于机械采收,不仅采收效率高,而且采收效果好。木质化程度高的植株时常会带出根桩,给机械采收带来一定的困难。控制植株木质化程度离不开密植。

(四十五)在北方构树宜林区,容器苗何时栽植合适?为什么说一般应在7月中旬前栽植完毕?为什么说9月上旬后不宜再进行苗木繁育?

在北方地区无霜期较短,苗木生长时间有限,容器苗尽早下地,可以赢得更多的生长时间,获得较高的生物量(图3-7)。由于晚秋后育出的构树苗不能正常越冬,只有在窖藏的条件下才行(图3-8),因而没有特殊情况,种植户那时都不育苗了,这就造成了早春时无苗可种的情况,只能等到根繁和嫩枝扦插苗出来才开始进行,况且早春低温,易受

图3-7 北方地区秋季育出的构树小苗冬季不能越冬,需要深埋贮藏

图3-8 根系窖藏,有利翌春提早扦插和促进发芽

三、构树丰产栽培技术

倒春寒或晚霜危害，对带嫩叶的构树苗有一定的影响，这几年构树苗的栽植时间有所推后，一般都在小麦收获后，大约6月后才开始栽种。此时栽种，气温升高而且平稳，蒸发量小，成活率高。到了7月，热量充足，雨量充沛，苗木进入快速生长阶段，此阶段的生物量可占全年的50%以上，因而苗木种植计划应提早安排，最迟不超过7月20日。往后再行栽种，苗木当年的生物量就会降低许多。9月以后，气温回落，苗木生长缓慢，不宜再栽种了，如果栽种还要把越冬的问题考虑进去。

构树嫩枝扦插需要高温高湿，9月上旬以后北方地区气温降低，构树生长发育速度减缓，生根需要的时间相应延长，既使苗木育成了，也没有多少时间留给苗木生长，而且育成的小苗北方冬季越冬不行，需要采取保护性措施才行，这样做一是苗木冬贮的时间长，有一定的风险，处置不当会有损失，二是较为麻烦，增加了苗木的成本，在苗木价格逐渐走低时，缺少价格上的竞争力。与其这样，不如放弃晚秋育苗，采取早春育苗还好些。

（四十六）苗木栽后，可能出现掉叶的现象，这是怎么回事？对后面的生长有否影响？如何避免这种现象的发生？

苗木栽后出现掉叶现象主要是苗木炼苗不彻底，经不起外界环境的剧烈变化，是植物保护性的应激反应。落叶后的苗木只要根系不出现问题，大部分还会重新萌芽展叶，但苗体弱小，自身营养不足，重新恢复生机，即缓苗需要10天以上的时间，对苗木当年生长量的影响与种植季节直接相关，越是生长旺盛的季节影响越大（图3-9）。试想，构树一

图3-9 栽前构树苗炼苗不充分，栽后易导致苗木叶片出现不同程度的萎蔫和脱落

年可刈割3~5次，每次刈割的间隔20天左右，耽误10天，影响还是不小的。因而苗木下地前，应确保炼苗彻底，确保栽后苗木不落叶。一些地方为了赶时间，抢栽抢种，实际效果并不好，相反，在地头炼苗，苗木也是在生长着的，一切安排就绪再行栽种是一种值得推崇的容器苗栽种的技术操作要领（图3-10和图3-11）。

图3-10 苗木炼苗充分，下地后叶片依然挺立　　图3-11 充分炼苗后的苗木不缓苗，生长快速

在苗木运输前，可酌情适度掐尖，虽然看相不好，但掐尖后可利用运输过程诱发侧芽萌发，另外叶片面积或数量减少有利于栽植的成活率。

（四十七）苗木定植后是否要摘心，有什么好处？

1. 苗木定植后摘心

可促使侧芽萌发，增加构树的分枝或发枝量，有利于早日形成丛状树体结构，扩大它的受光面积，提高它的光合作用面积，从而维持较高的生物量，同时可以分散主干的粗度和降低主干（根桩）的高度，有利于蛋白含量的积累。

2. 是否进行摘心还需要根据具体情况加以确定

一是造林地的整地是否到位，杂草的危害是否严重，如果这两项工作没有处理好，不适宜摘心，因为构树的高生长有利于抑制杂草，维持苗木的高度有利于栽后生长。二是种植的季节。在植物的生长旺季，不适宜摘心，因为摘心后影响苗木短期生长速度，苗体小，易受杂草干扰。摘心处理应提前完成，并在下地前用营养液浸根，促使苗木快速生长，提高苗木抗干扰能力。三是苗木弱小，不健壮，不适宜摘心；上面提到都是灌木型的构树，如果直立型构树，摘心是一定要做得，否则会影响发枝量，不利于开心型树冠的形成。

（四十八）构树对畜禽的适口性强，对其他的动物，比如昆虫是否适口性也强，为何饲用构树的病虫害实际发生几率并不高呢？如果发生了病虫害，应该如何处理？

桑树和构树都是病虫容易侵害的树种，在一些杨树纯林中，曾经用种植桑树或构树林来诱导病虫，集中诱杀病虫，而减少对杨树的危害，由此可见桑树和构树对病虫的适口性是较强的。然而饲用构树的病虫害发生率不高的原因是构树一年刈割数次，假使枝条有病虫害侵害，但枝条被割去当作饲料，病虫害的污染源被清除，好比果园将有病虫害的枝条剪去销毁一样，病虫失去了寄主和生存条件，自然地病虫害的发生几率就降低了。所以大面积的构树纯林建造后，应注意观察病虫害的发生，一但发生就提早进行收割，切断病虫传播的通道，避免病虫扩散。经过这样处理，枝条上的病虫害应该可以得到控制，而根部的病虫害以后可能会成为防治的重点，这在一些有年头的构树林可以观察得到，但是根部病虫比枝条病虫种类和发生的几率要小一些，另外构树可以根繁，可以借助苗木根系的更新，从而减少或消除根部病虫害。

（四十九）苗木一年生长收割的次数如何确定，是否采收的次数越多越好？

构树生物量与构树刈割的次数有关，一般每次刈割可获取枝条鲜重每亩2吨左右，每次构树行间封闭，即封垅，预示刈割的开始（图3-12）。但最终确定刈割时间要达到三种因素的平衡点，第一种因素是种植密度。密度过大，蛋白含量较高，但苗木生长速度还没上去；密度过小，蛋白含量偏低，苗木生长速度上去了，也可能过了速生的拐点，种植时一定要确定合适的密度；第二种因素是苗木生长速度。苗木在植株矮小时生长缓慢，植株幼嫩，蛋白含量高；在1~2米时生长快，植株逐渐成熟，蛋白含量尚高；在3米以上生

（1）

（2）

（3）

刈割后，根桩会很快萌发新芽，但不同部位新芽萌发先后不一样。节间或叶痕处首先萌发新芽，其后才是不定芽

图 3-12 构树树苗的刈割效应

长速度下降，木质化程度高，内膛光照不足，叶片失绿，蛋白含量降低；第三种因素是蛋白含量。在一定范围内，蛋白含量随着植株的长高而降低。

  各地应根据当地的气候条件确定适宜的种植密度。在一定的种植密度下，平衡苗木的生长速度和蛋白含量的关系。根据各地的经验，苗木应尽量在1~2米时刈割，每年刈割3~5次。我国南方地区，热量高、雨量大，刈割次数多；我国北方地区可通过提高种植密度和加强栽培管理等途径增加刈割次数。增加刈割次数，可以相应提高生物产量。当年种植的苗木应以壮苗促根为主要目的，为来年的高产稳产打基础，而不应仅以收获量为主要目的。

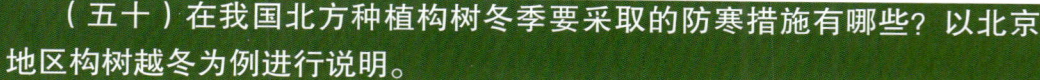

（五十）在我国北方种植构树冬季要采取的防寒措施有哪些？以北京地区构树越冬为例进行说明。

1. 低温伤害和防治措施

当温度下降到一定程度时，将对植物造成不同程度的影响，表现为延迟或停止生长、甚至造成不同程度的伤害，常见的低温伤害有冻害、霜冻害、冷害等。还有些低温伤害情况在低温时发生，但主因并不是低温，而是由包括低温的若干因素交互作用造成的，如生理干旱。构树的髓心较大，木质相对松软，低温对其伤害的严重性更大，在我国北方地区一定要重视低温伤害并采取有效的措施加以防范。

（1）冻害

在我国北方地区，每年都会发生当年新栽苗木因为防冻措施不当，在遇到低温或者剧烈变温时造成的伤害。因此，采取有效的越冬管理措施，对当年新栽苗木能否安全越冬是一项很重要的工作。防治冻害主要措施如下。

① 选择优良抗寒品种。

② 对苗木进行适度修剪，调节水肥供应，提高苗木抗性，及时防治病虫害。

③ 清除杂草，浅翻土地，给苗木根基培土，浇足防冻水。

④ 用麦秸、稻秸等粉碎后进行地面覆盖，提高地温，降低地面水分蒸发量。

⑤ 秋冬季节对饲用构树实施平茬，所留根桩进行覆土或覆膜，来年撤除或打开防寒物，露出根桩，有利苗木的萌发和快速生长。

（2）霜冻害

发生在冬春和秋冬之交，由于冷空气入侵或辐射冷却，使土壤表面、植物表面以及近地面空气层的温度骤降到0℃以下，导致植株受害、或者死亡的一种短时间的低温伤害，称之为霜冻害。根据霜冻发生的时间不同，又可分为早霜和晚霜。主要防治措施如下。

① 春季灌水或喷水和涂白或喷白树干或骨干枝来延迟植株发芽，减轻霜冻伤害。

② 通过加热、吹风、烟熏等方法改善林地的小气候。

③ 早春用杂草覆盖树盘，结合灌水。

④ 应用植物生长调节剂推迟萌动或化学药剂减轻植物霜冻害。

（3）生理干旱

构树幼苗枝条越冬后常出现抽干的现象，这种现象不主要是极端低温引起的，而更多是生理干旱引起的。因为枝条抽条的时间不是发生在每年最冷的1月，而是发生在气温相对温和的2—3月。那时正值气温回升快，空气干燥，枝条蒸发量大，而同期的土壤水分处于冻结状态，地温偏低，根系吸收水分困难，枝条所散失的水分不能得到有效的补充，从而造成枝条水分严重亏缺。主要防治措施如下。

① 在幼苗生长的后期，注意肥水管理，防止苗木贪青徒长，苗木木质化程度低，枝条不充实，抵抗低温的能力低。

② 上冻前一定浇上冻水，提高土壤的导热性，增强苗木的抗性。

2. 北京地区构树越冬情况

构树的耐寒性稍差，在北方地区种植时一定要做好防寒处理，确保植株遭受冻害的程度降到最低。在北京地区入冬季节，构树地上部分会出现抽梢现象，在个别气温较低的年份表层根也会有受害症状。新栽的苗木受害的程度会更大些，2年后根系发育成熟，抗寒性增强，根系能够顺利越冬，但地上部分仍会发生抽梢现象，建议地上部分一律割除，便于土壤管理。

（五十一）构树枝叶采收后露出大面积根桩，根桩萌出不定芽并长出新梢需要一段时间，在这段时间里，由于绿量减少，单位面积光合作用效能降低，如何通过适当的途径在最大程度上减少这种现象的发生。

1. 刈割方式

刈割方式有全面刈割和带状刈割。全面刈割即将一定范围内的构树全部割除，它的特点是操作统一，便于机械化，不足之处在于刈割后，萌芽展叶需要一段时间，不能充分利用此间的光热条件（图3-13）。

带状刈割将一定范围内的构树呈带状、交替割除，也就是先割除一条，留下一条，再割除一条，留下相临的另一条，每次只割除待割面积的一半，待已割出的根桩长出新叶直到一定高度时，再将未割除的另一半构树割除。带状刈割能够错开割除时间，充分地利用光热条件。在种植密度大的情况下，带状刈割的好处会更加明显。

2. 土壤管理

刈割后露出行间距，正是土壤管理的最好时机，可进行松土除草、土壤施肥和浇水。在可机耕的地方，可使用四轮拖拉机外挂耘锄，骑行在树桩上，在两边进行中耕除草。在一些畜牧业发达的地区，肥粪的处理是一个棘手的问题，可将有机肥撒在地里，这样既减少了环境的污染，又增加了土壤的肥力，一举两得。通过土壤管理，可以促进土壤的呼吸作用，熟化土壤，减轻土壤板结，有利于根系活动，新芽萌发，为下茬产量打好基础。

三、构树丰产栽培技术

(1)

(2)

规模化种植不同的刈割方式

(3)

多次刈割后,分枝数量极大增加,而枝条开始变细

图3-13 构树刈割方式及刈割后生长情况

（五十二）构树枝条生长过程中蛋白质含量的大致变化怎样？

构树一年有多次收割，以最后一次收割的枝条为试材，在不同的高度收割取样所得的数据如下。

株高 0.6 米，叶茎比较大时，粗蛋白含量 24.75%；株高 1 米（嫩枝）时，粗蛋白含量 22.57%；株高 1~1.2 米时，粗蛋白含量 19.6%，株高 1.5 米（半木质化）时，粗蛋白含量 16.7%；株高 2.5 米，已木质化时，粗蛋白含量 10.8%；叶片脱落时，粗蛋白含量已不足 10%，与玉米的粗蛋白含量相当。

而 2016 年，天津港进口的欧洲苜蓿干料，粗蛋白含量 18%、20% 和 22%，其价格在 1 700~2 400 元/吨。因而在提高构树的生物量的基础上，还要重视构树枝条的蛋白含量，只有这样才能确立构树饲料的竞争力。

（五十三）构树根桩预留高度对萌芽和生长的影响？一般根桩预留高度多少为宜？

构树所谓的刈割实质就是平茬，平茬是指从地面或贴近地面一定高度将植物的地上部分剪去，以达到改变植株的生长形态、刺激萌生枝生长等目的而采取的一项技术措施。对构树而言，适当平茬不仅可以获取更多的有用枝条，而且能够更好地促进植物的生长发育，为下一轮的平茬营建更好的生长骨架。经过平茬后的构树，其萌生枝的数量、萌生枝横向生长、萌生枝纵向生长都会发生相应的变化，从而确定相应的单株生物量构成。从 0~40 厘米不同平茬高度来看，平茬对萌生枝横向生长的影响最大，其后依次是萌生枝纵向生长、萌生枝的数量。留桩高度在 20~30 厘米时，对萌生枝的数量影响最大，对萌生枝横向生长的影响最大，促进枝条萌发的效果也最好；留桩高度在 10~20 厘米时，对萌生枝的纵向生长影响最大，因而综合各种因素，留桩高度在 15~25 厘米的范围内，萌生枝的数量、萌生枝横向生长、萌生枝纵向生长处于良好和均衡的状态，有利于生物量的积累（图 3-14）。

一些地方采取人工收割构树枝条，留桩高度会逐年提高，对构成生物量的三因素影响会越发严重，因而每隔几年应使用割灌机降低高度进行平茬。

平茬后地上部分生长和地下部分生长的营养均衡被打破，根系缺少枝条光合作用制造有机物的营养补充，此时需要加强土壤肥水管理，满足根系生长发育的基本条件，否则容

（1）　　　　　　　　　　　　　　　（2）

图3-14　刈割高度不同，导致萌发枝条的数量、长度和粗度差异明显

易引起早衰，生物量的下降。

（五十四）构树品种间性状的差异显著吗？构树还有一些黄叶或其他叶色品种，它们适合用做饲用原料吗？

构树是一个变异性很大的树种，从直观上看，叶片就有无毛、少毛和多毛；叶色就有绿色、黄色、黄绿相间，甚至一株树上就有绿色叶、黄绿相间叶；叶缘锯齿深浅不一，差别很大；树干皮色就有赫色、红色、赫白相间色、近白色；株型就有直立型、丛生型（图3-15和图3-16）。可以推测，一些直观不易直接观察到特性，如生物量，品种间的差异性也会很大（图3-17和图3-18）。

构树在自然界丰富多样的表现型为构树的实生选育创造了条件，也为构树品种的专用性、区域性应用开辟了广阔的道路。现在已有多个构树表现型申请了植物新品种保护，其中2016年就有3个构树品种完成了实审。但是作为饲用构树，绿色是基本色调，绿色的叶片才含有丰富的叶绿素，才能充分与光照进行光合作用，获得维持自身生长

图3-15　构树叶片的绿色基调

营养物质，产生较高的生物量，而其他叶色的构树除含有叶绿素外，还含有花青素、胡萝卜素等色素，光合效率低于单纯绿色叶片的构树，只适宜用做绿化树种，而不适宜做饲用树种。

图3-16 不同构树叶片的色彩变化

三、构树丰产栽培技术

（1） （2）

（3） （4）

图 3-17 不同构树树干的皮色、纹路和开裂的变化

图 3-18 不同构树叶片的形态变化

（五十五）构树实生苗和品种苗生长表现有何不同？选择实生苗会出现什么问题？

构树品种一般是通过不同无性系对比试验、无性系区域试验，经过多年多点试验而选育出来的，在速生性、适应性、抗逆性等方面具有一定的优越性，而实生苗未经选育程序，且后代性状分化严重，良莠不齐，产量不稳定，因而在造林过程中提倡使用品种苗，而不是实生苗。

杂交构树品种与未选育的实生构树相比，具有明显的优势（表3-1和表3-2），具体表现在生长旺盛，枝叶丰满，生物量大；叶片大而肥厚、叶柄短、叶片绒毛少，叶面光滑。节间长、分枝多。适口性好、蛋白含量更高；抗逆性强，生命力旺盛。

表3-1 杂交构树与实生构树单株年生物量

品种	鲜叶重（克/株）	干叶重（克/株）	含水量（%）	茎重（克/株）	皮重（克/株）	出皮率（%）
杂交构树	340.00	115.57	33.99	3532.33	604.03	17.10
实生构树	225.00	65.25	29.00	559.44	100.14	17.90

表3-2 杂交构树与实生构树生长速度比较

品种	分枝数（个）	株高（米）	地茎（厘米）	冠幅（米）
杂交构树	3 2.55	7.90	2.74	2.39
实生构树	3 2.03	4.13	2.02	1.48
杂交构树	5 2.67	7.23	2.78	2.96
实生构树	5 1.98	5.87	2.21	1.89

（五十六）构树逐年采收是否会出现退化现象？如何解决种植后构树的更新扶壮问题？

构树逐年采收出现退化的现象是会自然发生的，如同果树栽培一样，但通过加强肥水管理可以延缓这一过程，直到合理的年份为止。到了需要更新的时候，利用构树根的萌蘖性，可以挖出或破坏主根，诱导侧根发芽，长出新的植物体，重新形成构树林，当年即可完成老旧林向新造林的过渡。

四、构树枝叶采收、粉碎和烘干

（五十七）构树枝条采收以株高多少刈割为好？其依据是什么？

构树饲料以全株利用为本，兼顾枝条的幼嫩程度和实时的生长速度。幼嫩的枝条营养非常丰富，蛋白含量高，单位面积土地所生产的总可消化营养物质（TDN）最高，销售价格也高，畜禽的饲喂效果好，但随着枝条的生长，木质化程度会逐渐加重，枝条的营养成分会呈下降趋势。

1. 构树不同高度的营养成分含量

以山西省中部地区为例，构树的不同部位营养成分不同（表4-1和表4-2）。蛋白质主要集中在叶片中，一般含蛋白质24%以上。所以，叶片在整枝的比重越低，蛋白含量就越少，粗纤维含量就越高。在1~1.5米时刈割，枝叶比平均1.1:1。

表4-1 构树不同高度的营养成分含量（%）

成分	株高1.5米（半木质化）	株高1~1.2米	株高0.8~1米（嫩枝）
粗蛋白	16.7	19.6	22.5
中性洗涤纤维	40.5	35.8	26.5
酸性洗涤纤维	37.3	33.2	22.1

2. 构树不同部位的营养成分变化（表4-2）

表4-2 构树不同部位的营养成分变化（%）

成分	整枝（半木质化）	嫩枝	（嫩）枝叶	叶
粗蛋白	16~18	18~20	21~23	≥24
粗纤维	20~30	15~20	11~15	9~11
粗脂肪	2~3.0	2.5~3.0	2.5~3.5	3.5~5

此外，饲用构树（鲜）含水量：嫩枝、叶含水分80%~85%，整枝前端60%~80%、

树干40%~50%，整株嫩枝70%左右。

综合上述，构树枝条采收需要找到枝条的营养成分和生长状态的平衡点，既要枝条营养丰富，又要枝条基本完成快速生长过程，实现枝条价值的最大化（图4-1和图4-2）。根据各地的实际情况，最佳收获期应为1~2米范围内。

密植情况下，刈割推迟，可能导致植株下部叶片脱落，内膛空虚，叶片外移

图4-1 构树密植栽培的效应

稀植情况下，刈割推迟，可能导致主枝和侧枝分化明显，分枝量减少

图4-2 构树稀植栽培的效应

（五十八）构树收割机械主要有哪些机型？它们的使用效率如何？

目前，构树使用的收割机械主要有国产顶呱呱收割机、俄制戈梅利收割机、德制克拉斯收割机和国内自行组装的收割机，从性能价格比和实用性来看，顶呱呱收割机和戈梅利收割机易于接受和推广。

1. 顶呱呱收割机

顶呱呱4ZQ-1800型收割机是自走式玉米收割机。在此基础上，经过更换刀具和重新设定喂入变速箱转速，基本达到构树收割的要求。顶呱呱4ZQ-1800型收割机采用潍柴160马力国三发动机，自带5立方米料箱，不用伴随车，方便掉头拐弯作业及地头收获；大轮距短轴距设计，内轮距1.3米，轴距2.3米，收割宽幅1.8米；采用双圆盘设计，使构树枝叶全部顺茬喂入铡草机，喂入流畅收获率高。一般地块，每小时收割6~8亩，按每亩收割2吨计算，每小时可收割14吨（图4-3）。

四、构树枝叶采收、粉碎和烘干

(1)

(2)

图 4-3 自带料箱的收割机

2. 戈梅利收割机

戈梅利收割机动力为 260 马力,配备涡轮增压。作业幅度 3.25 米,切段为 0.5~0.8 厘米,每行破碎可达 1.2 厘米。构树收割轻松,每天可收割 200 亩构树(图 4-4)。

图 4-4 不带料箱收割机与伴随车的配合作业

（五十九）常用的构树枝叶粉碎机械有哪几种？它们的粉碎效果和主要用途是什么？

饲用构树因加工饲料类型的不同，饲料粉碎的方法及设备也不同（图 4-5）。

1. 铡草机

用于构树青贮时的切碎加工。小型铡草机每小时可切 250~800 千克，大型铡草机每小时可切 5~6 吨，甚至更多。

2. 揉丝机

用于发酵饲料和制作粉料时的前期揉碎。

3. 锤片式粉碎机

用于粉料和颗粒料的原料加工。

4. 磨浆机（图 4-6）

用于发酵饲料的研磨细碎。一般先行切短处理，再行磨细碎，主要用于制作猪和禽类的饲料。

5. 联合收获机（图 4-7）

若规模种植、条件具备，还可使用青贮鲜料收获机，在田间完成割、切作业，甚至裹包。

四、构树枝叶采收、粉碎和烘干

（1）

（2）

（3）

除了收割机大田现场收割和粉碎一并处理外，小面积的构树收割和粉碎一般在现场和场地分别进行

图 4-5　铡草机及加工产品

（1）

（2）

（3）

图 4-6　磨浆机及加工产品

图 4-7　通过多机种配合，种植现场即可完成收割、粉碎和打包等全部工序

（六十）能否介绍一下目前正在使用的构树大型烘干设备的工作原理和过程？

目前，用于构树加工的大型烘干设备是湖南省株洲市一家企业与生产厂家经过多次试验多次改进而完成的。此设备以烘干机为主体，还包括煤气发生炉、抽湿机、离心机、粉碎机和打包机。

图 4-8　煤气发生炉

1. 煤气发生炉（图 4-8）

工作时将煤块置于煤气发生炉中，将底层煤引燃后，再在上面覆盖 600~1 200 毫米后的煤层，再用鼓风机鼓入空气和水蒸气与煤产生一系列氧化反应生产多种可燃性的半水煤气，作为烘干设备的燃源。使用时，将煤气通过管道、烧嘴合理分配后再行燃烧，对设备继续加热。

2. 回转式圆筒烘干机（图 4-9）

将粉碎后的构树块状鲜料通过传输带运送到圆筒内，圆筒呈上高下低，随着圆筒的转动，物料受重力作用和内置抄板运行到料筒底部，构树鲜料在向下移动过程中不断受高温加热，运行到底部时物料已受热干燥，成为块状干料。

四、构树枝叶采收、粉碎和烘干

图 4-9　烘干设备的主体部分

3. 离心式通风机

利用大风力和高压力，在密闭的管道把构树干料推向分离器，将干料分离出来。

4. 粉碎机

构树干料通过传送带运送到粉碎机的料仓，经粉碎机里的刀片高速旋转将构树干料打至粉状，然后吸进仓储罐里。

（六十一）构树原料或成品的烘干程度可否用含水量来表示？含水量达到多少才能进行安全存放而不至于霉变？含水量过高或过低会导致什么结果？

饲用构树在制作粉状饲料和颗粒饲料以及干草饲料时，要严格控制其含水量。饲用构树（鲜）含水量：嫩枝、叶含水分 80%~90%，整枝前端 60%~80%、树干 40%~50%，整株嫩枝 70% 左右。饲用构树干燥是加工构树常规饲料的前提，采用自然和人工干燥的方法将鲜构树的含水量降低到 15% 以下，以最大限度的减少其营养物质的损失，以及较长时间的保存。

饲用构树水分含量 30% 时，物料太湿，不适合制作干草，容易发热，霉变；水分含量 20%，可制作干草但需加防腐剂（成本加大），叶片不易掉落；水分含量 15%~12%，适宜制作干草；水分含量 10%，适宜制作干草但叶片容易掉落（损失营养）。

（六十二）目前构树干粉制作主要有两种生产流程，一种是构树枝叶收割后，把割下的枝条放在根桩上自然晾干，然后再进行1~2次粉碎，直至达到合适的细度或粒径；一种是构树枝叶机械收割并粉碎后，稍加晾干就进行机械烘干，最后再经过粉碎机生产出需要的产品，能否给出两种机械烘干方式可能存在的问题？

第一种方法较少使用，也不推荐使用。因为饲料蛋白质主要集中在叶片中，一般含蛋白质24%~26%，叶片在整枝的比重越低，蛋白含量就越少，NDF含量就越高（图4-10）。第一种方法在枝条采集、田间晾晒、运输和加工过程中，叶片脱落现象严重，

（1）

（2）

一种常见的构树干粉制作过程，该工艺相对简单，制作成本低，不足之处在于营养物质流失严重，若按蛋白质含量计价，商品价值较低

图4-10 第一种构树干粉制作过程中的自然晾干或阴干

四、构树枝叶采收、粉碎和烘干

会造成蛋白、营养物质的过多流失。既使生物量大,但构树饲料的质量大受影响,体现不出构树饲料应有的品质,也不能实现构树枝条收益的最大化。在这里可以用苜蓿蛋白含量与价格的关系,说明枝条蛋白的重要性。如2016年天津港进口的苜蓿蛋白质含量是18%、20%和22%,其价格为1 700~2 400元/吨,苜蓿蛋白含量相差4%,价格竟相差700元/吨。可见,只追求数量,不追求质量的做法不可取。这种做法在某些地区广为使用应该得到纠正。

第二种方法在一定程度上减少了蛋白质和其他营养物质的流失,但采用稍加晾晒即行烘干,烘干的成本要高一些,还需要通过对烘干设备进行改进,烘干程序实施优化,达到实现降低烘干成本的效果(图4-11)。就总体而言,第二种烘干方法是更可取的。

(1)

(2)

(3)

图4-11 第一种构树干粉制作过程中使用的粉碎机和初级产品

五、构树饲料的加工和处理

（六十三）山西省农业科学院制定出了我国第一部省级《构树饲料标准》，其主要内容是什么？

DB14/T1163—2015《杂交构树饲料生产应用技术规程》是由山西省农业科学院、山西科尔沁农牧业有限公司起草，山西省质量技术监督局批准立项的2015年第65项山西省地方标准，已于2015年12月20日发布。

本标准规定了杂交构树饲料的术语和定义、制作设备、原料的选择与准备、制作、质量要求和标签、包装、运输、储存及应用。本标准适用于杂交构树饲料的生产、应用。

主要技术指标确定的依据及验证方法如下。

1. 质量指标

（1）确定依据

根据杂交构树的营养成分特点，按杂交构树叶、整株嫩枝的粗蛋白、粗脂肪、中性洗涤纤维、酸性洗涤纤维、粗灰分含量为质量指标。

（2）验证方法

检验测定，粗蛋白、粗脂肪、粗纤维、粗灰分、水分、钙、磷、粗灰分及中性洗涤纤维、酸性洗涤纤维依次按照 GB/T 6432、GB/T 6433、GB/T 6434、GB/T 6435、GB/T 6436、GB/T 6437、GB/T 6438、GB/T 20806 和 NY/T 1459 的有关规定执行。

2. 卫生指标

（1）确定依据

GB/T 13078 饲料卫生标准。

（2）验证方法

按 GB/T 13079、GB/T 13080、GB/T 13081、GB/T 13082、GB/T 13088 的有关规定，检验检测砷、铅、汞、镉、铬的含量，符合饲料卫生标准。

本标准的主要技术内容编写从实际出发，遵循可靠、先进、实用的原则，根据有关法

（六十四）目前对主栽构树品种的营养价值评定如何？

从表 5-1、表 5-2 和表 5-3 看到，构树的粗蛋白含量和多种氨基酸含量介于苜蓿草粉和豆粕之间，大量元素钙和微量元素铁、锌、锰的含量高于苜蓿草粉和豆粕，说明构树是一个能提供较高蛋白源，营养丰富且均衡的植物。还要说明的是，构树与苜蓿的比较是同质比较，植物对植物，具有较强的合理性，而构树与豆粕的比较，是植物对植物产品的比较，合理性尚显不足。

表 5-1　构树叶、苜蓿草粉和豆粕的常规营养成分比较（%）

项目	杂交构树叶	苜蓿草粉（1 级）	苜蓿草粉（2 级）	豆粕
水分	9.1	13.0	13.0	11.0
粗蛋白	26.1	19.1	17.2	44.2
粗脂肪	5.2	2.3	2.6	1.9
NDF	15.9	36.7	39.0	13.6
ADF	13.0	25.0	28.6	9.6
粗灰分	15.4	7.6	8.3	6.1
钙	3.4	1.4	1.5	0.3
总磷	0.2	0.5	0.2	0.6

表 5-2　构树叶、苜蓿草粉和豆粕的氨基酸含量比较（%）

项目	杂交构树叶	苜蓿草粉（1 级）	苜蓿草粉（2 级）	豆粕
天门冬氨酸	1.88	—	—	5.41
苏氨酸	0.91	0.74	0.69	1.86
丝氨酸	0.90	—	—	2.36
谷氨酸	2.03	—	—	8.54
脯氨酸	1.18	—	—	2.53
甘氨酸	1.06	—	—	1.99
丙氨酸	1.13	—	—	2.06
胱氨酸	0.30	0.22	0.16	0.70
缬氨酸	1.40	0.91	0.85	2.23
蛋氨酸	0.36	0.21	0.20	0.66
异亮氨酸	0.89	0.68	0.66	2.14
亮氨酸	1.69	1.20	1.10	3.62

(续表)

项目	杂交构树叶	苜蓿草粉（1级）	苜蓿草粉（2级）	豆粕
酪氨酸	0.32	0.58	0.54	1.59
苯丙氨酸	1.24	0.82	0.81	2.40
赖氨酸	1.25	0.82	0.81	2.96
组氨酸	0.42	0.39	0.32	1.28
精氨酸	1.00	0.78	0.74	3.45

表5-3　构树叶、苜蓿草粉和豆粕的矿物质元素含量比较（毫克/千克）

项目	杂交构树叶	苜蓿草粉（1级）	苜蓿草粉（2级）	豆粕
铜	8.3	9.1	9.7	23.5
铁	247.1	3.7	3.6	181.0
锰	50.3	30.7	30.7	27.4
锌	62.9	16.0	16.0	45.4
碘	2.5	—	—	—
钴	2.4	—	—	—
镁	62.3	3 000.0	3 600.0	2 700.0

（六十五）构树饲料常用名词及营养指标

1．粗饲料

指干物质中粗纤维含量大于或等于18%，单位饲料容积大的饲料，其中，常见的有干青草、干苕糠、豆秸、玉米秆和统糠等。

2．精饲料

指粗饲料、预混料、青饲料以外的饲料统称为精料，如玉米、豆粕、麦麸和鱼粉等都是精饲料，主要是能量和蛋白饲料构成。

3．蛋白饲料

指饲料绝干物质中，粗蛋白质含量在20%以上（含20%）、粗纤维含量在18%以下（不包括18%）的饲料，营养丰富。

4．配合饲料

也称全日粮配合饲料（常称全价饲料）。它能直接用于饲喂饲养对象，能全面满足饲喂对象的营养需要。主要包括能量饲料、蛋白质饲料和矿物质等营养物质。

5. 粗蛋白

粗蛋白的定义是饲料样品中的氮含量乘以系数6.25。大多数蛋白质一般都含16%的氮，该系数即由此推导而来。因此，将饲料中氮的百分含量乘以100除以16，或者说乘以6.25，就可算出粗蛋白含量。饲料中蛋白质含量是判定饲料营养价值的一项重要指标，饲料中粗蛋白质包括真蛋白质和非蛋白质两部分含氮物质，后者主要包括游离氨基酸、硝酸盐、氨等，故不能反映出饲料蛋白质对动物的真正营养价值。

6. 中性洗涤纤维

用中性洗涤剂去除饲料中的脂肪、淀粉、蛋白质和糖类等成分后，残留的不溶解物质的总称。它包括半纤维素、纤维素和木质素等。

7. 酸性洗涤纤维

用酸性洗涤剂去除饲料中的脂肪、淀粉、蛋白质和糖类等成分后，残留的不溶解物质的总称。包括纤维素、木质素及少量的硅酸盐等。

8. 粗灰分

是饲料样品在550~600℃高温炉中将所有有机物质全部氧化后剩余的残渣。主要为矿物质氧化物或盐类等无机物质，有时还含有少量泥沙，故称粗灰分。

9. 植物甾醇

植物甾醇是植物体内的提取物，具有较强的消炎作用，能够抑制人体对胆固醇的吸收，促进胆固醇的降解代谢，抑制胆固醇的的生化合成等作用，可减少对抗生素的使用。

10. 黄酮类物质

黄酮类物质是一种生理活性物质，具有抗氧化、抗癌、抗血管增生、消炎和抗病毒等作用，可减少对抗生素的使用，为无抗养殖提供了一条途径。

（六十六）何谓青饲料？青饲料的作用和饲喂对象是什么？

青饲料（又称青绿饲料、绿饲料），是指可以用作饲料的植物新鲜茎叶，因富含叶绿素而得名。合理利用青绿饲料，可以节省成本，提高养殖效益。饲用构树青饲是指将杂交构树收割后切成小段，直接饲喂家畜。饲用构树种植区域离养殖区较近时，或因天气不利于制作干草时常用这种方法。也有的种养户划出部分饲用构树种植地，常年青饲。我国南方地区因无霜期长，年收获4~5茬，可以均衡供应。

1. 青饲料优点

构树青饲，在整个生长季的产量可比生产干草高出10%~12%，因为构树青饲含水量

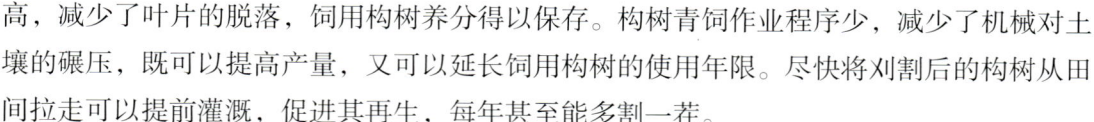

高，减少了叶片的脱落，饲用构树养分得以保存。构树青饲作业程序少，减少了机械对土壤的碾压，既可以提高产量，又可以延长饲用构树的使用年限。尽快将刈割后的构树从田间拉走可以提前灌溉，促进其再生，每年甚至能多割一茬。

2.青饲料缺点

首先要求种植地靠近养殖场，饲用构树青料含水量为75%~80%，不宜长距离运输。其次刈割的构树必须尽快饲喂，每天只能按养殖场需要量进行收割。要有划片轮割计划，否则饲用构树会随着高度增加而降低品质。最后就是每天都要动用机械到田间收割。

初次给家畜构树青饲、构树的含水量高或枝条幼嫩时，或青饲料占日粮比重过大时，易导致家畜拉稀。需要将杂交构树青料阴凉处干燥5~10小时，或与其他干草料混合进行饲喂，或者将杂交构树青料作为全混合日粮的原料。饲喂量一般为奶牛为10~20千克/天，肉牛为5~10千克/天，羊为2~5千克/天，家禽自由采食。草食动物应与其他杂草或秸秆同时搭配饲喂。防止腹泻，禁止使用霉烂变质的枝叶。

（六十七）何谓青贮料？构树青贮料的优缺点？青贮期间各个阶段的变化是什么？

收获的植物性饲料经过密封、发酵后而成，主要用于饲喂草食动物。青贮饲料比新鲜饲料耐储存，营养成分强于干饲料。

1.构树青贮料的优缺点

（1）构树青贮的优点

饲用构树青贮的好处类似构树青饲。相对调制干草，青贮叶片损失小，受气候影响也小，所以养分保存的好。夏季制作青贮，一般只需要在田间晾晒2~6小时，春秋季节也只需晾晒15~20小时。杂交构树青贮含水量高，消化率和适口性都更好，尤其是在炎热的夏天奶牛更喜食。青贮构树也比构树干草更适合调制全混合日粮。

（2）构树青贮的缺点

青贮构树的消化率常低于青刈构树和构树干草。袋装青贮需要很大的空间贮藏，青贮袋一般较大，不能堆叠。青贮袋很容易破裂，要经常检查，有破损要尽快修补。处理用过的塑料青贮袋也是一个问题。青贮窖或青贮堆比袋装青贮需要的空间小。

2.青贮期间各个阶段的变化

青贮发酵分为四期：有氧期、滞后期、发酵期和稳定期。在有氧期，植物呼吸作用与有氧微生物共同消耗氧气，一旦氧气消耗完，青贮窖内就变成厌氧环境，这种转变速度非常快，在青贮条件好时可在几小时内完成。滞后期，细胞壁破裂，以糖为基质的厌氧菌开始快速繁殖。发酵期，厌氧菌将糖分转变成乳酸，使青贮pH值迅速降低，乳酸是最有效的发酵酸。发酵过程越快，青贮保留的营养成分越好。发酵好的青贮pH值应为4~5，在这个范围内，细菌死亡，青贮进入稳定阶段，直到开窖。无氧环境同时阻止了霉菌和酵母菌的生长。

（六十八）青贮料的制作方法有哪些？

1. 直接青贮

杂交构树青贮保存时间长，高质量的杂交构树青贮，养分损失很小。

制作杂交构树青贮（半干青贮）时，刈割后的枝条一般需要晾晒半天到一天，直到杂交构树萎蔫，水分降至60%~70%。杂交构树青贮料的含水量保持均匀一致非常重要，青贮过程中要注意监测水分的变化，保证制作青贮时杂交构树的水分含量在合理的范围内。如果水分含量过高，会有液体渗出导致养分流失，也不利于发酵过程。如果料太干（含水量<50%），很难压紧压实，容易造成青贮发热或发霉，导致青贮失败。青贮发热，杂交构树变成褐色，青贮的品质及消化率都大大降低。

当饲用构树水分降到合理的范围时，铡草机切割成2.0~2.5厘米的碎段。草段太长不容易压紧实，尤其是在青贮杂交构树水分含量偏低时；切的太短，不利于牛羊反刍，影响新陈代谢。注意：不要使用揉丝机切碎，因其有锤片会将构树叶打浆，营养流失严重。快速压实封窖，减少氧气是成功青贮的关键。制作青贮堆时，要用塑料密封，再用重物压紧。如果暴露在空气中，表层的青贮可能腐烂，整个青贮会损失1/3之多。定期检查青贮是否密封，能有效减少青贮损失（图5-1和图5-2）。

青贮池青贮，青贮成本低，但浪费较大，一旦青贮失败，损失也较大

图5-1 青贮池青贮

裹包青贮，密封性好，使用过程浪费少，并且可以露天存放，但制作相对成本较高

图5-2 裹包青贮

2. 添加剂青贮

相对于玉米秸秆、禾本科牧草，饲用构树制作青贮较难，这是因为杂交构树含糖量低，缓冲能力强，使用青贮添加剂来辅助发酵并可防止腐败。大多数青贮添加剂的成分是乳酸菌及酶，以增加乳酸菌的数量和生长速度，乳酸菌形成的有机酸会降低 pH 值，有助发酵。一些添加剂的成分是抑制剂，如丙酸和乙酸，会减缓所有微生物的生长（包括有氧菌和厌氧菌）。添加剂有利于饲用构树养分的保存，提高构树青贮的适口性和家畜采食量。

3. 混合青贮

可以根据饲喂不同动物或不同饲养阶段的营养需要，将饲用构树与牧草、玉米秸秆等按特定比例混合青贮。我国北方地区以与玉米秸秆混合青贮为佳，比例 1：(2~4)。

饲用构树制作青贮的含水量控制：水分含量 80%，含量太高，制作青贮容易酸败；水分含量 70%，适宜青贮窖法青贮；水分含量 60%，适合地面或青贮袋青贮。

（六十九）青贮料制作和使用过程的要点是什么？

制作青贮饲料的工序：收割→切碎→加入添加剂→青贮窖（或装袋）贮存，其制作和使用过程的要点如表 5-4 所示。

表 5-4 青贮制作过程

措施	原因	优势
尽量压缩干燥时间	减少呼吸作用	减少养分和能量损失；有更多的糖用于发酵；青贮 pH 值更低
合理的切割长度，加快青贮窖装填速度，尽量压紧，仔细密封	减少青贮料暴露在空气中的时间	减少养分和能量损失；更多的糖分用于发酵；降低青贮窖内的温度，减小发热损失；pH 值下降速度快，降低幅度大，耗氧速度快；减少有害菌的出现几率；减少蛋白流失
干物质含量为 30%~40% 时进行青贮	发酵效果好	减少养分和能量损失，发酵温度合适，高温造成的损失更小，控制芽孢杆菌，防止渗漏
要密封至少 14 天	充分发酵	青贮 pH 值更低，更多的乳酸菌；耗氧活动更快，有害细菌少
每天至少取 5~15 厘米的厚度，并保持青贮截面平整	防止腐败	限制有氧腐败
除去变质的青贮	避免危害家畜健康	防止酸中毒，防止霉菌感染；防止李氏杆菌病中毒

注：牧草与青贮饲料研究推广中心

（七十）青贮裹包常用到两种裹包机，即液压裹包机或拉伸膜裹包机，它们在使用过程中各有什么利弊？

利用液压裹包机或拉伸膜裹包机将收割好的饲用构树，用捆包机高密度压实打捆，然后用专用青贮塑料或拉伸膜包裹，造成一个最佳的发酵环境（图5-3）。打捆和裹包的草捆，处于密封状态，在厌氧条件下，经3~6个星期，完成乳酸型自然发酵的生物化学过程（图5-4）。

（1）

（2）

图5-3 拉伸膜裹包机及工作现场

（1）

（2）

（3）

图5-4 拉伸膜裹包机制作的青贮包及其搬运机

五、构树饲料的加工和处理

1. 拉伸膜裹包机

拉伸膜裹包青贮的工艺：构树收割→揉碎翻晒→捡拾卷捆→裹包机包膜→青贮草捆→贮存。

拉伸膜裹包青贮的作业设备：圆盘式割草机（用于构树的收割）→铡草机（用于饲用构树的切碎）→圆草捆捆扎机（用于收集捆扎）→包膜机（用于草捆包膜，使草捆完全处于密封状态进行乳酸发酵）。

拉伸膜裹包机体积小，适于在田间地头使用，液压裹包机体积较大，适于在专用的加工场地进行（图5-4）。

2. 液压裹包机

液压裹包机设备工艺操作流程：枝叶经料斗、皮带输送机、螺旋输送机上料到设备压缩箱—经横向油缸第一次横向挤压—再经纵向油缸第二次纵向挤压成长方体包块—通过推包油缸把压好的构树块推入专用包装袋或采用双层袋包装，内用塑料袋扎口密封，外用编织袋保护。用压块机将揉碎的构树块状鲜料压制成密度为700~850千克/立方米，体积30厘米×30厘米或60厘米×60厘米的方块（图5-5）。

（1）

（2）

图5-5 液压裹包机及制作的青贮包

（七十一）青贮过程是否需要添加发酵剂？不添加会出现什么结果？

青贮原料上附着许多微生物，分为对青贮有利的微生物，如乳酸菌等，和对青贮不利的微生物，如腐败菌等。腐败菌会在缺氧含酸的环境中很快死亡，而对青贮有利的乳酸菌可在缺氧、湿润、含糖的条件下繁殖，青贮开始的2~3天，各种微生物开始争夺氧气，在氧气耗尽的2~3周中乳酸菌大量繁殖生成大量乳酸，腐败菌则在缺氧、酸性环境中很快死亡，随着含酸量的增加，乳酸菌的繁殖逐渐减弱直到完全停止，青贮基本制成，只要缺氧、酸性环境不变，青贮饲料就可长期保存，要让乳酸菌大量繁殖，必须具备以下条件。

第一，青贮原料要有一定的含糖量，如含糖多的玉米秸、稻秆、麦秸和红薯秧。

第二，青贮原料的含水量要适度，在60%~75%最为合适。

第三，温度要在19~37℃。

第四，将原料压实，保持缺氧状态。

因为饲用构树含糖量低，缓冲能力强，常使用青贮添加剂来辅助发酵并可防止腐败。

（七十二）何谓发酵料？发酵料的原理是什么？

发酵饲料是指在人工控制条件下，微生物和酶在发酵的过程中，通过自身的代谢活动，将植物性饲料中的蛋白质、粗纤维、脂肪等营养物质分解为低肽、氨基酸、单糖、双糖、脂肪酸等更容易消化吸收的小分子物质，以便畜禽对其营养物质的消化、吸收而制成的饲料（图5-6、图5-7和图5-8）。

图5-6 发酵料

图5-7 发酵池

图5-8 发酵罐

饲料发酵的原理是通过有效微生物的作用，使植物茎叶中的木聚糖链和木质素聚合物酯链被酶解，促使其软化、体积膨胀、木质纤维素转化成糖类。连续重复发酵又使糖类二次转化成乳酸和挥发性脂肪酸，使pH值降低到4.5~5.0，抑制了有害菌类的繁殖。其中所含淀粉、蛋白质和纤维素等有机物降解为单糖、双糖、氨基酸及微量元素等，促使饲料变软、变香而更加适口，提高了动物对粗纤维的消化、吸收和利用率。发酵饲料具有特殊发酵的酒、酸香味，适口性好，能刺激动物食欲，提高采食量，有益于动物肠道的健康和增强免疫力，发酵饲料中存在大量的有益活菌及其代谢产物，可降解植物的抗营养因子，改善消化吸收功能、促进健康和生长。

（七十三）为什么发酵料要加入发酵剂？发酵剂由什么菌种组成？

饲料发酵多采用自然发酵和接种发酵剂菌种的发酵两种。采用自然发酵生产的饲料一般质量不稳定，容易受杂菌感染，畜禽饲喂效果的变异较大。采用接种发酵剂发酵生产的饲料，质量方面较易控制，但相对成本稍高。

饲料发酵是以微生物如乳酸菌、枯草杆菌、酵母菌；复合酶如纤维素酶、木聚糖酶、葡聚糖酶等为饲料发酵剂菌种，将饲料原料转化为微生物菌体蛋白、生物活性小肽类氨基酸、微生物活性益生菌、复合酶制剂为一体的发酵饲料。

构树发酵主要是分解植物蛋白质和降解粗纤维含量，提高游离氨基酸含量。

（七十四）发酵饲料的制作过程和注意事项？

1. 构树饲料的发酵方法

将构树叶（嫩枝叶）用揉丝机切碎后，再磨细，按比例加入玉米粉或其他能量饲料粉，添加微生物制剂（加酶益生素），混合均匀，含水量控制在60%左右，判断标准为：用手紧抓一把物料，指缝见水不滴水，松手即散为宜。用力压实压紧密封好，发酵一周左右（冬长夏短）即可按比例添加饲喂。

2. 注意事项

发酵配料中的玉米粉也可以使用小麦粉、土豆粉、高粱粉、稻谷粉等来代替，使用廉价的原料，有利于降低成本。为了提高饲用构树的适口性，可以添加糖、食盐进行调节。

3. 发酵后可以较长时间保存

此发酵过程为厌氧发酵。不要在阳光直射的地方发酵，以防紫外线杀灭功能微生物，影响发酵质量。料堆必须压实，以隔绝空气，避免通风。开封后，在一周左右用完，每次取用后，要立即密封好，尽量排尽里面的空气再次密封好保存。

不能使用霉烂变质的原料，否则可能抑制有益微生物繁殖，影响发酵；同时对喂饲的畜禽造成不良影响。因各类原料营养成分和各种气味不同，发酵后的饲料味觉也有一定差异，合理搭配原料发酵效果会更好，营养更全面。

（七十五）发酵料使用的塑料袋有什么特点？塑料袋上的气孔起什么作用？

发酵饲料袋采用更新换代的呼吸膜生产技术，可以使得微生物饲料产品排气效果达到百分百，从而使得微生物饲料在生产使用及储存过程中，易于生产和保持其活动状态，最大程度上保障微生物的活性。饲料发酵袋的关键技术在于发明了一种保证微生物高活性的生命呼吸装置——"呼吸膜"，它能使活菌（主要是乳酸杆菌、酵母菌）在包装袋内能长期保持其自然高活性。原料接种后就密封包装，发酵在包装袋内进行。微生物在发酵过程中产生的气体达到设定压力以后通过饲料发酵袋排出，但是外界的空气始终不能进入包装袋内。饲料发酵袋的单向的排气装置确保了包装袋内的无氧和无杂菌污染的环境，不仅保证了微生物的活性，同时也保证了产品能长期储运。显然，这种先包装、后发酵的革新技术，巧妙地解决了微生物固态发酵的散热、厌氧控制，以及包装、储运、稳定性等难题，极大地降低了微生物发酵饲料的生产成本（图5-9）。

饲料发酵袋解决了长期困扰微生物发酵领域内有关矛盾的菌群共处这一世界性难题。在通常情况下发酵，毕赤酵母菌和乳酸杆菌这两种微生物是不能共存的（图5-10）。

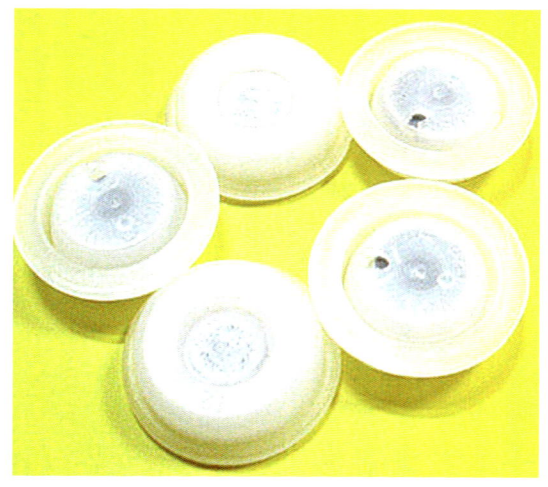

图5-9　发酵袋上的单向排气阀

图5-10　密封的袋装发酵料

五、构树饲料的加工和处理

（七十六）青绿饲料磨浆系统是构树饲料处理不可或缺的操作系统之一，它主要由哪几个部分组成？它的功效如何？

植物纤维磨浆机是目前十分有效的一种植物纤维处理设备，可以将新鲜的植物纤维原料直接处理成2毫米以下的均匀浆料。该设备与物料接触部分全部采用不锈钢材质，对物料的洁净保护达到了药品级；该设备采用手摇涡轮蜗杆进退刀，可通过调整动磨片间隙调整物料磨碎程度；不仅充分保护了原材料中的营养物质不被破坏，还可以通过调整成品浆料的粗细程度和水分含量，缩短后续发酵时间，达到理想的发酵结果（图5-11）。该设备产量高、体积小、操作简便、性能优越，由于采用了已获国家发明专利的新型齿纹磨片，其特殊设计的齿形可进一步提高碎解饲料的均匀度，并节约能耗，该设备处理一吨原料的电耗约为60度。

（1）

（2）

图5-11 磨浆机制作的湿料及其饲料复配

以植物纤维磨浆机为核心开发的青绿饲料磨浆系统是新型农业生物科技产业——青绿植物发酵饲料的加工成套系统设备。该系统由储存料仓、计量输送机、干粉注流仓、搅拌输送机、磨浆机五个设备组成。只要前段将经过粗级破碎的新鲜植物纤维原料直接倾倒在存储料仓内，通过计量输机输送到搅拌机中，同时预先设定好比例的自动注流干粉料与原料混合后进入搅拌输送机中，直接送至磨浆机入口，将原料磨碎成浆，可直接在磨浆机出口将制成品灌装至发酵袋。系统能耗小、自动化程度高、操作简便、占地面积小、投资少、效率高，非常适合农场或发酵饲料厂使用，是现代农业新型机械化设备。

青绿饲料磨浆系统是木材机械制浆经过技术改进和配套而形成的，减少了非反刍动物饲料的制作环节，保证了青绿饲料营养成分的稳定，是一种具有广泛使用前景的机械设备。

（七十七）构树干粉在需要时也可加工成发酵料，干粉与发酵料在营养成分等方面的差异怎样？

构树干粉饲料在用于畜禽育肥饲料时可以直接添加，也可以加工成发酵饲料。

构树干粉发酵，可提高饲料的营养水平和消化吸收率。发酵所含的微生物能分解饲料中的大分子糖类为单糖和寡糖，并生成多种有机酸、维生素、生物酶、未知生长因子，大大提高了发酵饲料的营养水平和消化吸收率。

通过微生物自身的生命活动，使饲料内所含的有毒有害物质被降解而脱除，从而大大提高了饲料的安全性，同时也可提高动物的抗病力。微生物直接参与动物肠道的屏障作用，补充动物肠道有益微生物的数量，通过生物竞争机制阻止病原微生物的定植和生长繁殖，恢复和维护动物肠道的微生态平衡，从而提高动物的免疫力和抗病能力。此外，还可提高饲料的适口性，显著增加畜禽食欲。

（七十八）构树常规饲料主要有哪些类型？其制作过程和应用是怎样的？

饲用构树不仅可以制成青贮饲料、发酵料等常用饲料类型，还可以制成粉状饲料、颗粒饲料、块状干草饲料等常规饲料类型，以满足不同畜禽对不同饲料的需求。

1. 粉状饲料

饲用构树经过收割→切短→干燥→除杂→粉碎→包装等流程加工而成，粉料粒径4~6毫米，是制作畜禽饲料（尤其是功能性饲料）的原料，广泛用于各种饲料配方。饲用构树粉状饲料占畜禽日粮中比例为：草食动物 15%~25%、猪 8%~10%、家禽 5%~8%，便于工业化生产、存放、运输和销售。

2. 颗粒饲料（图 5-12）

将饲用构树粉状饲料经专用制粒机压制成圆柱形颗粒。颗粒直径 5~10 毫米，长度 10~25 毫米，密度 960~1 120 千克/立方米，破碎度 5%~10%。生产流程：收割→切短→烘干→粉碎→调质→制粒→干燥→包装（图 5-13）。

（1）

（2）

（3）

（4）

图 5-12 不同的颗粒制作机及其加工产品

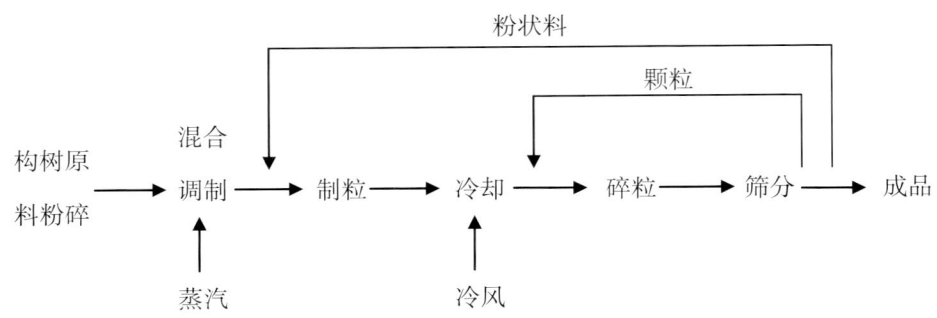

图 5-13 饲用构树颗粒饲料加工工艺

颗粒饲料的制作过程能使植物饲料中的抗营养因子发生变性作用，减少对消化的不良影响，能杀灭各种寄生虫卵和其他病原微生物，避免消化系统疾病的发生。

饲用构树颗粒饲料可以替代奶牛 20%~30% 的精饲料，肉牛饲喂量占体重的 0.5%，肉羊饲喂量占体重的 1%。可以作为畜禽生态养殖的功能性饲料。

3. 块状饲料

将干燥的饲用构树通过成型设备，挤压成形后，即可制成构树块状饲料。构树饲料成型后，其体积较以前缩小 15~20 倍，密度大，方便贮藏和运输。成型饲料也被称为"千层饼"或"压缩饼干"。

构树块状饲料饲喂时，要切成薄片或用水浸泡，或与高水分青贮秸秆类混合饲喂。饲喂量一般为草食动物体重的 1%~2%。构树块状饲料可作为草食动物育肥期间提高干物质采食量的优质饲料。

（七十九）构树青贮饲料饲喂应注意哪些问题？

青贮饲料可以作为草食家畜牛羊的主要粗饲料，一般占饲粮干物质的 50% 以下。刚开始饲喂时家畜可能不喜食，需经过几天的预饲期，喂量应由少到多，逐渐适应后就可习惯采食。喂青贮饲料后，仍需喂精料和干草。训练方法是，先空腹喂青贮料，再喂其他草料；先将青贮料拌入精料喂，再喂其他草料；或将青贮料与其他料拌在一起喂。由于青贮料含有大量的有机酸，具有轻泻作用，因此母畜妊娠后期不宜多喂，产前 15 天停喂。冰冻的青贮料也易引起母畜流产，应待冰融后再喂。成年牛每 100 千克体重日喂青贮量：泌乳牛 5~7 千克，肥育牛 4~5 千克，种公牛 1.5~2.0 千克。绵羊每 100 千克体重日喂青贮量：成年羊 4~5 千克，羔羊 0.4~0.6 千克。奶山羊每 100 千克体重日喂青贮量：泌乳母

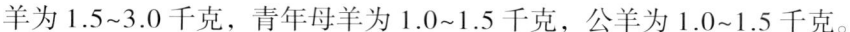

五、构树饲料的加工和处理

羊为1.5~3.0千克,青年母羊为1.0~1.5千克,公羊为1.0~1.5千克。

(八十)影响构树饲用性或饲料品质的主要因素是什么?

1. 现代饲用构树育种要求

注重杂交构树父母本的选育,以及饲用构树的栽培技术。高品质的组培,水肥充足的栽培场地,合理的种植密度,可以较好地提高饲用构树粗蛋白的含量,提高纤维素的消化率。

2. 决定饲用构树营养水平的关键经验

最重要的手段仍是如何适当掌握刈割期和提高机械化收获水平。饲用构树的营养量在1.0~2.0米高时,NDF和木质化程度开始快速提高。刈割高度,可以断定饲用构树的营养级别。

3. 收获机械配套要求

要保证在适当高度刈割和收获完毕,必须有足够的收获机械配套。使用带切碎功能的收割机,可以促进茎秆和叶片同时晒干,避免叶片过干装载运输时的大量脱落。

4. 饲用构树储存的损失

主要是淋雨、潮湿发霉和日照氧化所造成的营养损失。在田间存放时间过长、收获时叶片脱落太多,运输和加工时叶片浪费较多都会造成蛋白、营养物质的流失。加工容易造成叶片破碎和脱落。

(八十一)构树饲料产品的特征标识要求?

1. 饲用构树作为新型的植物性蛋白饲料原料的标准

在产品流通的标识中应有以下营养成分指标,粗蛋白、粗灰分、中性洗涤纤维、水分的含量。

2. 构树饲料的标签、包装、运输、储存方法、注意事项

构树饲料的标签应符合GB 10648的要求。粉状饲料、颗粒饲料使用带内膜的编织袋,具有防潮作用,并标注重量。块状饲料用编织袋,青贮饲料用专用塑料袋包装。在运输过程中,防晒防淋,不得与有毒物混装混放。

包装好的粉状、颗粒饲料应储存在阴凉干燥通风的仓库内。草块、青贮块码放在专用

场地，并用防雨、防晒布苫盖。

（八十二）对构树饲料成分进行检测有一定的差异？如何客观地看待这些检测结果？

对不同地区和不同饲料样品的送检者，提供的构树饲料成分检测报告，检测结果往往有一定差异，有时差异还很大，这主要来自3个方面。

1. 构树植株本身和栽培条件

构树的采收部位、采收时间、植株的高矮、幼嫩程度、茎叶比以及施肥的种类、土壤的营养状况等。

2. 构树加工过程和方法

构树采收、运输、晾晒等一系列环节的营养成分流失状况、构树的加工方式、添加其他饲料的成分和比例、发酵剂使用与否等。据报道，刈割、青贮在24小时完成，营养成分损失极小；超过48小时，营养成分损失1%~2%，在田间放置晾晒6天，营养成分损失可达6%。营养成分损失主要是碳水化合物和蛋白质。

3. 构树饲料构成

根据不同畜禽种类，构树饲料构成不同，预混料添加成分不同。

基于以上多种原因和使用目的，目前构树饲料的检测结果参考价值难尽如人意，以后需要设定相对一致的取样条件，规范一致的操作过程，这样得到检测结果才具有实用性和可比性。

（八十三）对构树枝条进行机械化处理的主要工艺流程有哪些？并予以说明。

1. 构树枝条机械化处理的主要方法

根据饲喂对象的类别，对构树枝条进行机械化处理可分为反刍动物饲料加工和非反刍动物饲料的加工，其工艺流程如下。

（1）收获枝条→场地粉碎→场地加工→进入下道工序。

（2）现场粉碎→场地加工→拉伸膜裹包机→圆柱状青贮饲料。

↘液压打包机→长方形体青贮饲料。

（3）现场粉碎→场地加工→机械制浆→湿料→发酵料。
（4）现场粉碎→场地烘干→二次粉碎→干料→存放待用。
　　　　　　　　　　↳湿料→发酵料。

2. 主要工艺流程的说明

工艺流程（1）是构树枝条在人工收割的情况下采用，采收后的枝条拉回场地，使用粉碎机或揉丝机或铡草机进行粉碎，然后进入下面的环节（图5-14）。

工艺流程（2）是反刍动物饲料加工工艺流程。

工艺流程（3）是非反刍动物饲料加工工艺流程，是以后有可能广泛采用的工艺流程。饲料制作过程中，如果磨浆后物料过湿可用玉米粉调干至适当的含水量，然后加入发酵剂混合制成发酵料。

工艺流程（4）是非反刍动物饲料加工工艺流程，该流程耗能较高，饲料制作成本高，且营养成分易发生流失，只能在特殊情况下使用。

图5-14　不同饲料加工场制作的构树发酵料

（八十四）构树饲料存在的主要问题是什么？

1. 缺乏对构树全株在动物饲料中应用的数据

构树是一种新型的木本饲料，属非常规饲料，其利用是在不断探索不断深化过程中。先有叶片利用，后有全株利用。构树叶片是植株各器官中蛋白含量最高的，也是相对稳定的。叶片利用数据的采集和试验相对简单，文献中叶片利用的数据占据了绝对主导地位，全株利用的数据需要在生产实践的基础上加以补充和完善，以顺应当下构树产业发展的实际情况。

2. 缺乏对反刍动物和非反刍动物饲喂添加量及效果的研究

构树在反刍动物上的应用前景应好于非反刍动物。反刍动物取食比例高，吸收率好，对饲料的加工处理也相对简单，而非反刍动物取食量相对少，将构树作为功能性饲料，在改善肉质品质和减少对抗生素的依赖方面是更好的选择。具体到哪种动物添加量和饲喂效果还需要许多细致和深入的工作去做。

3. 缺乏饲喂发酵构树饲料对畜禽肉奶蛋品质作用的全面研究

影响畜禽肉奶蛋品质的指标有很多，如氨基酸、肌苷酸、多酚、肌间脂肪和维生素，这些指标与构树营养成分和活性物质紧密相关，需要进一步探讨和揭示它们间的相互关系，在理论上和实践中进行深入论证和全面研究，为构树生产提供依据。

4. 缺乏规范的发酵构树生物饲料标准

构树发酵是提高构树饲料利用的一个重要途径，但是如何进行发酵和发酵的效果不尽一致，据文献报道，有的发酵试验可提高蛋白质8%，有的发酵试验甚至可达到30%以上，这与菌种筛选、发酵条件和原料取样等因素有关。制定规范的发酵构树生物饲料标准虽然面临许多困难，但却是绕不过去的坎，必须着力解决好。

六、构树饲料应用与畜禽品质评价

（八十五）饲用构树属广谱性饲料，都在哪些畜禽养殖中使用过？饲喂的效果如何？

饲用构树作为富含粗蛋白、钙、铁等营养物质的木本植物饲料，可以作为饲喂猪、牛、羊、鸡、鸭、鹅、兔、鱼、乌龟等动物的饲料原料，按不同的饲料类型、配方和比例添加到各自的日粮中。

屠焰、刁其玉和熊伟等申请了一种用杂交构树叶配制的奶牛精饲专利（专利号：CN101214012），公开了一种用杂交构树叶配制的奶牛用精饲料。该饲料是由下述重量份数比的成分组成：玉米50~150份，杂交构树叶30~70份，豆粕30~60份，预混合饲料5~20份。用本发明的奶牛用精饲料喂养奶牛后，可提高奶牛的产奶量、乳脂量和乳蛋白量。

杨青春、陈绍红和刘铀等在构树叶对育肥猪生产性能、肉品质及营养物质表观消化率的影响（《河南农业科学》，2014年7期）研究中，将30头日龄相近、体质量约为60千克的杜×长×大三元杂交猪随机分成2组（对照组和试验组），对照组饲喂基础日粮，试验组在基础日粮中添加10%的构树叶粉，分别测定生产性能、屠宰性能、肉品质及对营养物质的表观消化率。结果显示，与对照组相比，试验组平均日增体质量降低了2.06%，平均日采食量提高了0.78%，料重比提高了2.89%，差异均不显著；背膘厚度显著降低28.57%，眼肌面积显著提高9.96%；肌内脂肪含量、谷氨酸钠含量分别显著提高20.40%、13.62%；粗蛋白、干物质、钙及总能的表观消化利用率分别显著降低5.01%、5.61%、15.27%、5.72%，磷的表观消化率显著提高了10.90%。可见，添加适量构树叶粉，不影响育肥猪的生产性能，可改善肉品质。

孙华、李海军和彭先文等在构树叶粉饲用价值的初步评价（《安徽农业科学》，2011年31期）中，探讨了构树叶粉用于饲喂猪的可行性及其使用比例。选择日龄接近，体重25千克左右的育肥猪进行构树叶粉饲养试验，试验组分以添加5%、10%和15%的量替换豆粕和麦麸，以及以 15% 的量替换全价料。结果表明各试验组之间以及与对照组之间饲养效果如日增重和料肉比方面均无显著性差异，而试验组Ⅰ、Ⅱ、Ⅲ和Ⅳ的每千克增重成本与对照组相比，分别降低 6.09%、3.66%、8.69% 和 6.11%。结论表明构树叶粉可以 15% 的添加量用于育肥猪饲养。

张红岗、刘迎碰和韩毅等（2015）进行的蛋鸡饲养试验中，用鲜构树叶饲喂地方品种土鸡，可显著提高产蛋率，延长产蛋期并提高鸡蛋品质和改善蛋品风味。在 2016 年进行的饲用构树绒山羊饲养试验中，羊全混合日粮中利用构树饲料等营养替代精料补充料中的饼粕类蛋白原料，不影响绒山羊的生产性能，可降低饲料成本。

（八十六）构树饲料养殖的肉类品质主要有哪些指标？其含义是什么？

构树饲料饲喂的肉类品质主要反映在背膘厚度、眼肌面积、肌内脂肪含量、谷氨酸含量等若干指标上，影响畜禽肉质品的瘦肉率、嫩度和口感，这些指标的含义如下。

1. 背膘厚度

背膘厚度表示猪脂肪多少，背膘厚度越厚，瘦肉率越低，反之，瘦肉率越高。

2. 眼肌面积

眼肌面积是指家畜背最长肌的横断面积，与家畜产肉性能有强相关关系，是胴体瘦肉率常用的间接指标，在猪、牛、羊等家畜研究中具有重要的意义。

3. 肌内脂肪

眼肌面积是影响猪肉品质的重要因素之一，其决定肉质的嫩度、风味等重要的评价指标。

4. 氨基酸

构成动物营养所需蛋白质的基本物质，它的种类和含量决定蛋白质的优劣，其中赖氨酸能提高钙的吸收及其在体内的积累，防止骨质疏松，还是合成大脑神经再生性细胞等重要蛋白质所需的氨基酸；色氨酸是识别肉中蛋白质是否全面的重要物质，也是评定肉品质的重要指标；谷氨酸、天门冬氨酸是两种重要的鲜味氨基酸。

5. 肌苷酸

一种在核糖核酸中发现的核苷酸。可对谷氨酸钠的鲜味增加 6 倍；对甜味有增效的作用；对酸、苦味有消杀作用。

（八十七）构树饲料饲喂牛的效果怎样？

根据犊牛、育肥牛、能繁殖母牛等对营养需求的不同，分别设置饲养方案进行比较分析。现已育肥牛为例说明构树叶对生长育肥牛生长性能、血液生化指标和经济效益的影响，选取 24~28 月龄、初始体重（232.0±14.0）千克健康本地品种公牛 36 头，分为 3 组，每组 12 头，饲养期 81 天。3 组分别对照组（饲粮不含构树叶）、6% 构树叶添加组（6 构树叶组）、12% 构树叶添加组（12 构树叶组）。

1. 构树叶添加水平对肉牛生长性能的影响

饲养试验结果表明，饲粮添加构树叶对采食量无显著影响，牛日增重和饲料转化效率显著提高，对其生长性能无显著影响（表 6-1 和图 6-1）。

表 6-1　构树叶添加水平对肉牛生长性能的影响

指标	对照组	6 构树叶组	12 构树叶组	SEM	P
初始体重（千克）	232.8	231.3	231.8	14.0	0.997
结束体重（千克）	314.8	316.5	320.3	17.8	0.975
日增重（千克）	1.01	1.05	1.09	0.07	0.747
干物质采食量					
绝对采食量（千克/天）	8.55	8.97	10.93	0.40	0.039
相对采食量（%）体重	3.17	3.92	4.41	0.14	0.049
饲料转化效率	0.12	0.19	0.22	0.01	0.045

（1）

（2）

图 6-1　使用构树饲料喂牛

2. 各处理组的血液生化指标比较

构树饲喂试验表明，饲粮添加构树叶对血液生化指标的浓度均无显著影响，与对照组相比，12构树叶组血液低密度脂蛋白和高密度脂蛋白都有升高的趋势（表6-2）。

表6-2　各处理组的血液生化指标比较

指标	对照组	6构树叶组	12构树叶组	SEM	P
血糖（毫摩尔/升）	4.24	4.27	4.21	0.14	0.949
血清总蛋白（克/升）	79.1	78.7	79.0	1.37	0.975
甘油三酯（毫摩尔/升）	0.14	0.14	0.21	0.05	0.580
胆固醇（毫摩尔/升）	4.19	4.04	4.65	0.28	0.259
尿素氮（毫摩尔/升）	6.59	6.09	6.03	0.23	0.211
低密度脂蛋白（毫摩尔/升）	1.90	1.78	2.49	0.22	0.067
高密度脂蛋白（毫摩尔/升）	3.27	3.26	3.84	0.21	0.088
极低密度脂蛋白（纳克/毫升）	176.3	154.3	156.7	15.6	0.534

3. 构树饲料成本的核算

构树饲喂试验表明，饲粮中添加12%构树叶，生长育肥牛每千克增重的饲料成本下降0.49元，降低饲料成本6.8%。但随着饲粮中添加构树量的增加，可以显著地降低饲料成本（表6-3）。因为本试验构树添加量有限，远未达到构树饲料占比，提高构树饲喂量的空间还很大。

表6-3　生长育肥牛每千克增重的饲料成本

项目	对照组	6构树组	12构树组
饲料价格（元/千克DM）	0.86	0.83	0.79
采食量（千克/天）	8.55	8.87	9.33
饲粮成本（元/天）	7.35	7.32	7.38
日增重（千克/天）	1.01	1.05	1.09
每千克增重饲料成本（元）	7.25	6.96	6.76
与对照组比较（元）	—	-0.29	-0.49

（八十八）构树饲料饲喂肉羊的效果怎样？

1. 构树饲料饲喂肉羊的试验结果

根据羔羊、育肥羊、能繁母羊等对营养需求的不同，分别设置饲养方案进行比较分析。以育肥羊为例，用常规饲料饲喂出来的育肥羊（对照组）与构树饲喂的育肥羊（构树组），结果表明，肉羊的钾、镁、钙、铁、锌、锰、硒、钠、蛋白质含量、能量、维生素A和维生素E显著提高，而脂肪含量显著降低，肉质不仅营养元素丰富、结构合理，而且风味鲜美、瘦肉率高。构树饲料与传统禽饲料相比有着明显优势，也为这些禽类提供了足够的维生素A、维生素E，提高禽类对疾病的抵抗力（表6-4）。

表6-4 饲料中添加构树叶粉对肉羊品质的影响

项目	对照组（每100克含量）	构树组（每100克含量）
脂肪	4克	2.4克
钾	108毫克	134毫克
镁	9毫克	15毫克
铁	2.3毫克	4毫克
锌	2.14毫克	4.3毫克
锰	0.08毫克	0.12毫克
能量	109卡	145卡
维生素A	16毫克	31毫克
维生素E	0.53毫克	1.42毫克
蛋白质	18克	24克
碳水化合物	2克	4克
灰分	0.7毫克	0.12毫克
钠	92毫克	104毫克
钙	12毫克	16毫克
磷	145毫克	190毫克
铜	0.12毫克	0.56毫克
硒	6.18毫克	9.34毫克

2. 构树饲料饲喂羊的配方

表 6-5 构树饲料饲喂羊的配方

基础日粮组成	玉米（%）	豆粕（%）	棉粕（%）	麸皮（%）	构树叶（%）	预混料（%）
羔羊	62	13	3	10	8	4
育肥羊	57	11	4	12	12	4
能繁母羊	63	13	3	11	6	4

（1）表 6-5 为尝试性构树饲料饲喂羊的配方

为安全起见，构树饲料饲喂量偏少，仅供参考。养殖户在养羊实践中，可以在此基础上进一步优化，包括在饲料类型上、全株利用上，以期得到适合生产实际和饲喂效果优良的配方。

（2）羊属反刍动物

构树饲喂量应根据试验结果逐步提高至合适的量，一方面品质的改善更加明显，另一方面可以发挥构树饲料的作用和降低饲料成本。

（3）羔羊、育肥羊、能繁母羊等对营养需求的不同

构树饲喂量和占比应有所区别，育肥羊饲喂量和占比应高一些，羔羊、能繁母羊饲喂量和占比应低一些（图 6-2）。

（1）

（2）

（3）

图 6-2 使用构树青贮料喂羊

（八十九）构树饲料饲喂生猪的效果怎样？

以育肥猪为例，10%构树叶粉预饲7天后进行为期60天的正式饲养，探讨添加构树叶粉对育肥猪生产性能、屠宰性能、肉品质及对营养物质的表观消化率等的影响。

1. 构树叶对育肥猪生产性能的影响

构树饲喂试验表明，与对照组相比，添加10%构树叶粉后平均日增体质量降低了2.06%，平均日采食量提高了0.78%，料重比提高了2.89%，差异均不显著，不影响育肥猪生产性能（表6-6）。

表6-6 构树叶对育肥猪生产性能的影响

组别	初始体质量（千克）	结束体质量（千克）	平均日增体质量（千克）	平均日采食量（千克）
对照组	56.76 ± 6.11	100.22 ± 8.89	2.56 ± 0.16	3.81 ± 0.11
构树组	59.62 ± 1.35	99.43 ± 0.45	2.59 ± 0.17	3.92 ± 0.10

2. 构树叶粉对育肥猪屠宰性能的影响

构树饲喂试验表明，背膘厚度显著降低28.57%，眼肌面积显著提高9.96%，猪肉的瘦肉率降低（表6-7）。

表6-7 构树叶粉对育肥猪屠宰性能的影响

项目	对照组	构树组
宰前活体质量（千克）	105.00 ± 6.01a	104.24 ± 3.70a
屠宰率（%）	71.87 ± 1.93a	69.56 ± 1.57a
后腿比例（%）	31.91 ± 1.25a	32.68 ± 1.26a
骨率（%）	11.58 ± 0.54a	12.34 ± 0.47a
瘦肉率（%）	67.85 ± 1.93a	69.55 ± 2.64a
皮脂率（%）	20.57 ± 2.21a	18.72 ± 2.85a
背膘率（%）	17.50 ± 1.45a	12.40 ± 0.28b
眼肌面积（厘米）	40.21 ± 3.72b	44.27 ± 5.33a

3. 饲料中添加构树叶粉对育肥猪肉品质的影响

构树饲喂试验表明，肌肉脂肪含量、谷氨酸钠含量分别提高 20.40% 和 3.62%，猪肉品质得到明显改善（表 6-8 和图 6-3）。

表 6-8 饲料中添加构树叶粉对育肥猪肉品质的影响

项目	对照组	构树组
剪切力（千克·力）	1.05 ± 0.10a	0.97 ± 0.13a
熟肉率（%）	58.92 ± 2.11a	59.67 ± 1.25a
滴水损失（%）	3.95 ± 0.35a	3.89 ± 0.13a
肉色	2.78 ± 0.37a	3.32 ± 0.14a
pH 值	6.25 ± 0.07a	6.45 ± 0.25a
水分（%）	71.82 ± 0.04a	72.15 ± 0.14a
粗蛋白（%）	83.59 ± 0.46a	83.37 ± 0.44a
肌肉脂肪（%）	3.48 ± 0.65b	4.20 ± 0.63a
粗灰分（%）	4.92 ± 0.13a	5.12 ± 0.20a
谷氨酸钠（毫克/克）	4.95 ± 0.56b	5.60 ± 0.35a
游离氨基酸（×10^{-2} 克/克）	16.47 ± 1.47a	17.84 ± 2.54a

（1）

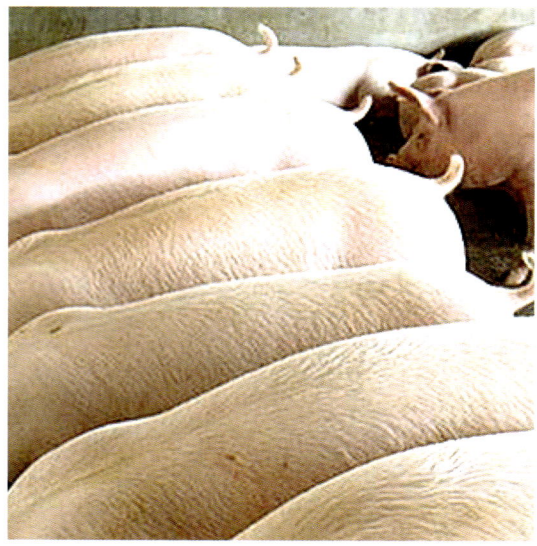

（2）

图 6-3 使用构树青饲料和发酵料喂猪

六、构树饲料应用与畜禽品质评价

4. 构树饲料饲喂育肥猪的配方（表6-9）

表6-9 构树饲料饲喂育肥猪的配方

基础日粮组成	玉米（%）	豆粕（%）	棉粕（%）	麸皮（%）	构树叶（%）	鱼粉（%）	预混料（%）
育肥猪	59	15	2	8	10	2	4

其中，4%预混料产品成分（每千克预混料中含量）：维生素A ≥ 200 000 国际单位，维生素 D_3 ≥ 38 000 国际单位，维生素 E ≥ 375 国际单位，维生素 K_3 ≥ 48 毫克，维生素 B_1 ≥ 35 毫克，维生素 B_2 ≥ 100 毫克，维生素 B_6 ≥ 75 毫克，维生素 B_{12} ≥ 0.50 毫克，胆碱 ≥ 5.0 毫克，泛酸 ≥ 375 毫克，烟酸 ≥ 375 毫克，叶酸 ≥ 15.0 毫克，生物素 ≥ 2.5 毫克，铁 ≥ 2 750 毫克，铜 ≥ 2 500 毫克，锰 ≥ 1 000 毫克，碘 ≥ 10.0 毫克，硒 ≥ 2.5 毫克，锌 ≥ 3 000 毫克，氯化钠 17.0%~13.0%，水分 ≤ 10%，钙 11.0%~18.0%，总磷 1.5%~6.0%。

（九十）构树饲料饲喂肉鸡／蛋鸡的效果怎样？

1. 构树饲料饲喂肉鸡的试验结果

构树饲料饲喂试验表明（表6-10），鸡肉的镁、钙、铁、锌、硒、钠、蛋白质含量、能量和维生素E显著提高，而胆固醇、脂肪酸含量显著降低，肉质不仅营养元素丰富、结构合理，而且风味鲜美、品质上乘。此外，蛋鸡的饲喂试验也表明，蛋鸡产蛋率、鸡蛋品质都有较大的提升（图6-4）。构树饲料与传统禽饲料有着明显优势，也为这些禽类提

（1）

（2）

图6-4 构树饲料喂鸡及蛋产品

供了足够的维生素 A、维生素 E，提高禽类对疾病的抵抗力。

表 6-10 构树饲料饲喂肉鸡的营养成分分析

指标	构树组	对照组	备注
镁	37 毫克/100 克	7 毫克/100 克	为普通鸡肉的 5.29 倍
钙	51.8 毫克/100 克	37 毫克/100 克	为普通鸡肉的 1.4 倍
铁	2.21 毫克/100 克	克 1.7 毫克/100 克	为普通鸡肉的 1.3 倍
锌	2.53 毫克/100 克	1.1 毫克/100 克	为普通鸡肉的 2.3 倍
硒	14 毫克/100 克	5.4 毫克/100 克	为普通鸡肉的 2.59 倍
胆固醇	69.1 毫克/100 克	106 毫克/100 克	为普通鸡肉的 3/5
钠	70.2 毫克/100 克	47.8 毫克/100 克	为普通鸡肉的 1.47 倍
蛋白质	24.2 克/100 克	16.7 毫克/100 克	为普通鸡肉的 1.45 倍
脂肪酸	0.18 克/100 克	35.4 毫克/100 克	为普通鸡肉的 1/200
能量	454 千焦/100 克	389 毫克/100 克	为普通鸡肉的 1.18 倍
维生素 E	0.27 毫克/100 克		

2. 构树饲料饲喂蛋鸡的试验结果

以 400 只 45 周龄体况一致的健康海蓝灰蛋鸡为试验对象，10 天预试期，52 天正试期。试验分为 5 组，分组情况为：试验 Ⅰ 组（基础日粮 +0.5% 构树叶粉）、试验 Ⅱ 组（基础日粮 +1.0% 构树叶粉）、试验 Ⅲ 组（基础日粮 +1.5% 构树叶粉）、试验 Ⅳ 组（基础日粮+2% 构树叶粉）、对照组（基础日粮）。

（1）构树叶粉对产蛋、蛋重、采食量、料蛋比的影响

从表 6-11 可以看出：在全期 6 周的试验中，第 3 周至第 6 周各试验组产蛋率都高于对照组，且随构树叶粉含量的增加，产蛋率增加。全期各试验组的平均蛋重都高于对照组，但料蛋比差异不大。

（2）构树叶粉对鸡蛋品质的影响

从表 6-12 可以看出：各试验组的蛋黄颜色蛋黄相对重蛋壳相对重蛋壳厚度的四项指标都高于对照组，构树叶粉的作用十分显著。

表6-11 构树叶粉对产蛋率、蛋重、采食量、料蛋比的影响

组别	试验Ⅰ组	试验Ⅱ组	试验Ⅲ组	试验Ⅳ组	对照组
预饲期	84.70 ± 3.38	86.86 ± 4.07	86.17 ± 3.50	86.57 ± 3.18	86.61 ± 2.62
第1周	83.53 ± 3.13	86.40 ± 2.08	83.20 ± 2.67	83.70 ± 2.02	86.04 ± 3.44
第2周	85.54 ± 2.82	86.05 ± 2.74	86.20 ± 3.35	86.00 ± 2.66	82.47 ± 3.96
第3周	81.26 ± 6.00	80.04 ± 6.56	80.62 ± 9.49	84.47 ± 10.52	84.41 ± 6.81
第4周	75.09 ± 1.74^b	79.86 ± 2.45^c	79.67 ± 3.78^c	81.09 ± 3.61^c	71.00 ± 2.53^a
第5周	75.29 ± 3.80^a	77.06 ± 0.91^b	82.19 ± 4.73^b	82.90 ± 5.63^b	72.99 ± 5.40^a
第6周	75.60 ± 5.41^a	76.06 ± 3.66^a	74.54 ± 4.04^a	81.46 ± 5.13^b	73.34 ± 3.62^a
全期	79.59 ± 6.32^a	82.35 ± 6.41^{ab}	81.68 ± 5.93^{ab}	82.96 ± 5.37^b	79.93 ± 8.32^a
平均蛋重（克）	62.57 ± 1.01^a	63.02 ± 1.07^{ab}	63.05 ± 1.12^{ab}	63.17 ± 1.08^b	62.54 ± 2.17^a
日均采食量（克）	120.27 ± 8.71	120.00 ± 8.37	120.00 ± 8.06	119.09 ± 8.01	121.72 ± 8.11
料蛋比	2.27 ± 0.03	2.24 ± 0.07	2.27 ± 0.07	2.27 ± 0.06	2.28 ± 0.04

表6-12 构树叶粉对鸡蛋品质的影响

组别	试验Ⅰ组	试验Ⅱ组	试验Ⅲ组	试验Ⅳ组	对照组
蛋形指数	76.69 ± 2.28	76.78 ± 2.08	77.32 ± 2.48	76.40 ± 2.69	76.34 ± 2.42
蛋黄系数	41.29 ± 1.95	41.25 ± 2.34	41.24 ± 2.66	42.55 ± 2.83	42.20 ± 2.32
蛋黄颜色	9.45 ± 1.18^A	10.33 ± 1.12^B	11.26 ± 1.00^C	11.15 ± 0.92^C	9.43 ± 1.17^A
蛋黄相对重	28.41 ± 2.84^{ab}	29.09 ± 1.81^b	28.50 ± 2.45^{ab}	28.05 ± 1.82^{ab}	27.79 ± 2.15^a
蛋壳相对重	13.07 ± 0.84^a	12.88 ± 0.73^a	13.51 ± 0.85^b	13.08 ± 1.00^a	12.75 ± 0.93^a
蛋壳厚度（毫米）	0.373 ± 0.029^{ab}	0.374 ± 0.033^{ab}	0.380 ± 0.034^b	0.363 ± 0.034^{ab}	0.359 ± 0.040^a
哈夫单位	84.75 ± 6.28	84.86 ± 6.62	85.21 ± 6.57	86.42 ± 5.88	83.97 ± 5.99

（3）构树叶粉对鸡蛋营养成分的影响

从表6-13可以看出：各组添加构树叶粉饲喂的蛋鸡，其鸡蛋的蛋黄蛋白含量均高于对照组，而胆固醇含量则低于对照组。

表6-13 构树叶粉对鸡蛋营养成分的影响

组别	0.5%添加组	1.0%添加组	1.5%添加组	2.0%添加组	对照组
蛋清蛋白含量	11.22 ± 0.45^B	11.18 ± 0.47^B	11.40 ± 0.49^B	12.05 ± 1.83^B	10.60 ± 0.52^A
蛋黄蛋白含量	16.69 ± 0.50^b	16.77 ± 0.93^b	16.92 ± 0.64^b	16.96 ± 0.62^b	16.25 ± 0.29^a
蛋黄脂肪/鲜蛋重	8.76 ± 0.97^a	8.76 ± 1.09^a	8.84 ± 0.83^a	8.85 ± 0.74^a	8.69 ± 0.78^a
胆固醇含量	9.00 ± 0.76^{ab}	9.20 ± 0.54^{ab}	8.77 ± 0.51^b	8.74 ± 0.76^b	9.50 ± 0.96^a

（九十一）构树单纯发酵和混合发酵，发酵的效果有何不同？营养成分发生了怎样的变化？

试验采用啤酒酵母和米曲霉做发酵菌种，将发酵后的固体培养基以5%的量接种到含水量50%的构树叶中，压紧密闭，室温发酵5~9天。试验分不添加作物秸秆的构树叶发酵和添加作物秸秆的构树叶发酵两组进行（表1-14和表6-15）。结果表明：在添加作物秸秆条件下，发酵5天和9天蛋白质含量分别增加16.3%和23.9%；粗纤维含量变化不明显。在不添加作物秸秆条件下，发酵9天蛋白质含量增加35.7%；粗纤维含量降低15.3%。因此，在一般的情况下，构树单纯发酵比混合发酵的效果更好。

表6-14　构树叶发酵前后营养成分变化（添加作物秸秆）

项目	灰分	粗蛋白	粗脂肪	粗纤维	无氮浸出物	得率
0天	0.96	17.59	3.59	15.28	52.58	/
5天	12.29	20.45	3.96	15.22	48.08	89
9天	12.65	21.79	4.32	16.17	45.07	87

表6-15　构树叶发酵前后营养成分变化（不添加作物秸秆）

项目	灰分	粗蛋白	粗脂肪	粗纤维	无氮浸出物	得率
0天	12.42	18.10	3.75	14.89	50.84	/
9天	14.53	24.57	5.14	12.61	43.14	0.855

（九十二）畜禽养殖的饲料配方一般由几部分构成？构树饲料饲喂畜禽饲养方案制订的一般流程？

1. 畜禽养殖饲料配方的构成

畜禽饲料配方由能量饲料、蛋白饲料、矿物质及维生素饲料等组成，构树叶粉可作为蛋白饲料按畜禽营养需要量、按比例添加到畜禽配合饲料中。而构树整株嫩枝（青贮）可以作为草食动物的蛋白及能量饲料，按比例添加在全混合日粮中使用。构树发酵料可以作为蛋白及能量饲料，按比例添加到畜禽育肥饲料中使用。

六、构树饲料应用与畜禽品质评价

2. 构树饲料饲喂畜禽饲养方案的制订（图6-5）

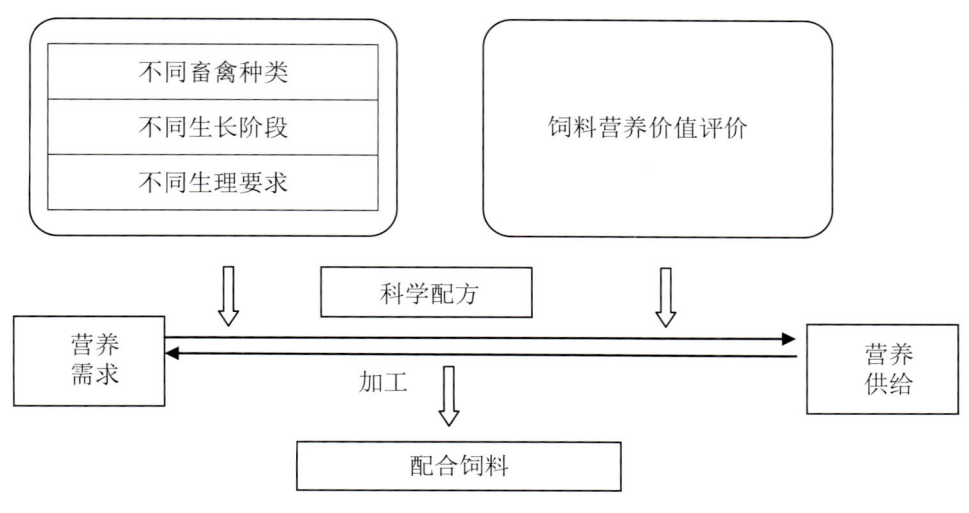

图6-5 畜禽养殖饲料配方制定

（九十三）反刍动物和非反刍动物，构树饲料的添加比例最大能达到多少？

构树饲料的种类不同，营养成分含量不同（粗蛋白、中性洗涤纤维、酸性洗涤纤维），要根据畜禽各个饲养阶段的营养需要科学配比。一般情况下，反刍动物比非反刍动物喂食量大，发酵料比干料喂食量大；由于反刍动物和非反刍动物对构树添加量的效应试验较少，这是以后需要加强的。就目前而言，为安全起见，构树在饲料构成的占比偏低，还没有达到应有的占比。

（九十四）奶牛在夏季产奶量降低，对牛奶检测中常常出现体细胞升高和蛋白质下降的现象，喂食构树后，两项指标均有好转，能否给予解释？

牛奶体细胞升高、乳蛋白下降的原因很多，比如环境卫生、季节和应激、泌乳阶段、饲料及营养、年龄和胎次、挤奶设备等，究其主要原因，是奶牛乳房感染引起乳房炎，奶牛采食量下降、机体抵抗力降低所致（图6-6）。

高温和高湿条件下所引起的热应激，一般多出现在7—8月，也可能引起牛奶中的体

（1）　　　　　　　　　　　　　　　　（2）

图 6-6　奶牛养殖场和挤奶车间

细胞数的上升。

按比例添加构树发酵饲料，使奶牛日粮营养全面，有利于消化吸收，可以提高牛奶蛋白含量。发酵饲料的益生菌，进入消化道后，在短期内繁殖成有益的优势种群，消耗掉肠道内大量氧气，建立微生态平衡，促进有益厌氧微生物的繁殖，并产生乳酸等有机酸类，降低肠道 pH 值，间接抑制其他致病菌生长，抑制有害细菌的生长。

（九十五）衡量畜禽产品的品质主要有哪些指标？使用构树饲料喂养畜禽，需要多长时间肉品质量才能够得到明显的改善？

畜禽养殖的目的是生产畜产品，包括肉、奶、蛋及皮毛等。

1. 肉品质评价指标

肉色；pH 值；系水率；肌肉脂肪（胆固醇）含量；嫩度；风味物质（糖、氨基酸、无机盐、肽、乳酸、磷酸、肌酸）等。

2. 蛋品质评价指标

蛋重；蛋壳颜色；蛋形指数；比重；蛋壳强度；蛋壳厚度；蛋黄颜色；哈氏单位；血、肉斑；蛋黄比率等。

3. 奶品质评价指标

蛋白质、脂肪、非脂乳的固体（或乳糖，或全脂固体）等。

畜禽养殖研究饲料畜禽增重、产奶、产蛋等生产性能的影响，试验期最低不得少于 60 天。根据一些地方的试验结果，对奶质的提高应不少于 20 天，对猪肉品质的提高应不少于 60~90 天，鸡蛋的品质的提高应不少于 20~45 天。

（九十六）喂过构树饲料的畜禽，其粪便减少和异味减轻，有什么科学依据吗？

粪便恶臭污染是因含有氨气、硫化氢、硫醇和甲硫醇等多种有毒、有害气体成分，给养殖环境带来很大危害。饲料品质的好坏影响畜禽营养物质消化吸收，饲料消化率低，营养物质不能被畜禽全部吸收，大量剩余的蛋白残渣等大分子物质排出，增加了粪便的排泄量和臭味的产生。

构树发酵饲料中的微生物，能分解饲料中的大分子糖类为单糖和寡糖，并生成多种有机酸、维生素、生物酶、未知生长因子，大大提高了饲料中营养物质的消化吸收率；同时微生物进入动物肠胃后，能够杀灭有害菌，形成优势菌群环境，增强了畜禽免疫力和抗病能力，减少了粪便的排泄量，同时也改变了某些成分的含量，使异味减轻。

据农业部农产品质量监督检验测试中心对构树饲料和常规饲料喂养的生猪粪便的检测结果（表 6-16），用不同的饲料喂养的生猪，粪便中铵态氮和 pH 值差异很大，说明使用不同的饲料可以对饲喂对象的粪便成分含量产生显著影响，构树饲料喂养是生猪粪便味道减轻的主要原因。铵态氮与总氮的比值表示蛋白质和氨基酸的分解程度，比值越大，蛋白质分解越多。猪粪 pH 值指标越高，说明腐败菌等活动强烈。

表 6-16 构树饲喂产生猪粪（构树猪粪）和常规猪粪的检测

检测项目	构树猪粪	常规猪粪	检测方法
铵态氮（%）	0.15	0.055	GB/T3600—2000
pH 值	5.7	7.7	NY 525—2002

（九十七）国家权威部门是否对构树饲料喂养与普通饲料喂养的肉质品质做过检测？请以实例说明和比较检测结果。

以生猪为例，分别采用构树饲料与普通饲料喂养，生产出的猪肉交由农业部农产品及转基因产品质量安全监督检验测试中心进行检测，为方便对比，其检测结果经合并整理而成。从表 6-17 可以看出，构树猪肉的粗蛋白、钙、硒高于普通猪肉，其中钙含量增加 31%，而粗脂肪、胆固醇显著低于普通猪肉。另外，要说明得是，以往有的试验报告报道硒含量可提升 157% 以上，可能与种植地块富硒或施用富硒肥料或预混料添加硒元素有关，与构树饲料喂养没有直接关系。

从表 6-18 可以看出，构树猪肉的氨基酸总量高于普通猪肉 22.5%，其中与猪肉口感有关的谷氨酸、甘氨酸的含量明显升高，也从一个侧面说明构树猪肉味道鲜美的原因。此外谷物中容易流失的赖氨酸含量明显升高，它对提高智力、增强体质，帮助钙吸收，防止骨质疏松都有很好的作用。

表 6-17 构树饲喂的猪肉与普通猪肉检测指标对比（1）

不同饲料喂养的生猪肉制品的检测		指标	构树猪肉 检测值	普通猪肉 检测值
检测结果	检测项目			
	水分（%）	—	74.0	63.9
	磷（%）	—	0.21	0.22
	粗蛋白（%）	—	22.8	20.7
	粗脂肪（%）	—	2.81	16.2
	粗灰分（%）	—	1.11	0.944
	胆固醇（毫克/100克）	—	43.0	80.1
	维生素 B_1（毫克/100克）	—	0.33	0.39
	维生素 B_2（毫克/100克）	—	0.04	0.036
	钙（毫克/千克）	—	58.4	40.3
	铁（毫克/千克）	—	4.0	15.3
	锌（毫克/千克）	—	24.3	32.5
	硒（毫克/千克）	—	0.18	0.15
	汞（毫克/千克）	—	未检出	未检出
	砷（毫克/千克）	—	未检出	未检出
	铅（毫克/千克）	—	未检出	未检出
	镉（毫克/千克）	—	未检出	未检出
	铬（毫克/千克）	—	未检出	0.0030
	盐酸克伦特罗（毫克/千克）	—	未检出	未检出
备注	砷检出限：0.01 毫克/千克； 铅检出限：0.005 毫克/千克； 镉、铬检出限：0.0001 毫克/千克； 盐酸克伦特罗检出限：0.0005 毫克/千克			

表6-18 构树饲喂的猪肉（构树猪肉）与普通猪肉检测指标对比（2）

不同饲料喂养的生猪肉制品的检测			检测方法	GB/T 5009.124-2003	
检测项目（%）	构树猪肉	普通猪肉	检测项目（%）	构树猪肉	普通猪肉
天门冬氨酸	2.31	1.72	蛋氨酸（MET）	0.51	0.48
苏氨酸（THR）	1.06	0.86	异亮氨酸（ILE）	1.07	0.84
丝氨酸（SER）	0.97	0.76	亮氨酸（LEU）	1.94	1.58
谷氨酸（GLU）	3.77	2.96	酪氨酸（TYR）	0.66	0.52
脯氨酸（PRO）	0.84	0.82	苯丙氨酸（PHE）	0.94	0.57
氨（NH_3）	—	—	组氨酸（HIS）	1.16	0.80
甘氨酸（GLY）	1.07	0.58	赖氨酸（LYS）	2.17	1.79
丙氨酸（ALA）	1.36	0.91	精氨酸（ARG）	1.34	1.10
胱氨酸（CYS）	—	—	总量	22.34	17.31
缬氨酸（VAL）	1.17	0.84			
备注				—	

（九十八）发酵料是畜禽养殖的一个重要方面，构树发酵料对畜禽的喂食量的增加和肉质品的提升有多大作用？请以实例说明。

构树属木本饲用树种，构树发酵是提高构树饲料品质的一种重要手段之一，是提高构树在饲料构成占比和充分发挥构树饲用性作用不可缺少的环节，以下是发酵饲料在畜禽上的应用，揭示发酵饲料与畜禽的喂食量、肉质品的相互关系（表6-19）。

1. 发酵构树叶对肉鸡屠宰性能及肉品质的影响

表6-19 发酵构树叶对肉鸡屠宰性能及肉品质的影响

指标	对照组	试验1组	试验2组	试验3组
活重（kg）	2.30b	2.08a	2.16b	2.14b
屠宰率	93.55	93.11	93.22	93.21
半净膛率	85.40b	84.66a	85.19ab	84.83ab
全净膛率	72.93b	71.40a	73.06b	72.51ab
胸肌率	23.97	24.68	24.46	23.73
腿肌率	20.86	20.65	20.83	21.02
腹肌率	2.42	2.25	2.10	2.07
皮脂厚度	8.80b	8.32ab	8.26ab	8.03a
肌间脂肪厚度（mm）	11.08b	10.00a	10.09a	9.97a

2. 发酵构树叶对肉仔鸡生长性能的影响

试验分为4组，设置情况为：对照组（基础日粮＋麸皮）、试验1组（基础日粮＋未发酵的构树叶）、试验2组（基础日粮＋枯草芽孢杆菌GZ3发酵的构树叶）、试验3组（基础日粮＋枯草芽孢杆菌HS3发酵的构树叶），试验结果（表6-20）表明：发酵构树叶比未发酵构树叶饲喂效果好；发酵构树叶比常规饲料喂肉仔鸡的料肉比前期偏高，但后期料肉比下降。

表6-20 发酵构树叶对肉仔鸡生长性能的影响

项目	对照组	试验1组	试验2组	试验3组
1~14日龄				
日均采食量	35.00 ± 1.0	34.30 ± 0.93	33.30 ± 0.92	34.30 ± 0.21
平均日增质量	24.00 ± 0.60^b	21.70 ± 0.36^a	21.30 ± 0.95^a	22.00 ± 0.66^a
料肉比	1.45 ± 0.02^a	1.60 ± 0.02^b	1.60 ± 0.03^b	1.59 ± 0.03^b
15~28日龄				
日均采食量	79.80 ± 2.22^b	69.90 ± 3.32^a	67.20 ± 1.08^a	69.80 ± 2.37
平均日增质量	40.50 ± 1.67^b	33.10 ± 2.14^a	32.30 ± 0.18^a	33.70 ± 0.07^a
料肉比	1.98 ± 0.04^a	2.11 ± 0.05^b	2.08 ± 0.02^{ab}	2.08 ± 0.01^{ab}
29~42日龄				
日均采食量	121.50 ± 2.81	114.10 ± 3.97	113.10 ± 4.95	112.20 ± 2.26
平均日增质量	53.40 ± 1.86	49.50 ± 0.88	51.70 ± 1.80	52.90 ± 1.24
料肉比	2.28 ± 0.06^{ab}	2.30 ± 0.08^b	2.19 ± 0.121	2.12 ± 0.01^a
1~42日龄				
日均采食量	75.80 ± 0.89	72.70 ± 2.64	71.20 ± 1.28	72.00 ± 0.38
平均日增质	40.50 ± 1.11^b	35.80 ± 1.12^a	36.90 ± 0.19^a	36.80 ± 0.56^a
料肉比	1.88 ± 0.04^a	2.03 ± 0.05^b	1.93 ± 0.05^{ab}	1.96 ± 0.02^{ab}

3. 发酵构树叶饲料对猪生长性能的影响

试验分为3组，即试验Ⅰ组（普通饲料80%＋发酵构树叶20%）、试验Ⅱ组（普通饲料80%新鲜构树叶20%）、试验Ⅲ组（普通饲料100%），试验结果表明：使用发酵构树叶饲料比使用普通饲料和新鲜的构树叶喂养的生猪，在日增重方面有很大的提高，达到16%以上，而料重比则降低21%，发酵构树饲料的作用十分显著（表6-21）。

表 6-21　发酵构树叶饲料对猪生长性能的影响

组别	初重	中期重	末重	日增重			日采食量			料重比（千克/千克）		
				前期	后期	全期	前期	后期	全期	前期	后期	全期
Ⅰ	17.65	18.85	27.25	0.40	0.84	0.74	1.10	1.60	1.48	2.75	1.90	2.00
Ⅱ	17.48	18.60	24.00	0.37	0.54	0.50	1.10	1.53	1.43	2.97	2.83	2.86
Ⅲ	24.63	25.80	32.65	0.39	0.69	0.62	1.15	1.70	1.57	2.95	2.47	2.53

（九十九）构树发展与畜禽养殖有一定的关系，畜禽养殖方面有哪些规律可供参考？

构树与畜禽养殖业有密切的关系，畜禽养殖业的规律对构树生产的合理布局，适时安排农事以及做好构树与畜禽养殖的有效对接等方面都有一定的参考作用。畜禽养殖业归纳出的十条规律如下。

1. 发展模式规律

零散养殖→规模化、科学化养殖→集约化、现代化养殖。从单家独户的零散养殖开始，逐步发展到大户大场等规模化养殖，继续发展，最终迈向集约化、现代化养殖。

2. 饲管技术规律

原始的、粗放的饲养管理→常规性的饲养管理→科学的饲养管理在畜牧业饲养管理技术上，开始时比较简单粗放；随着养殖时间的增长和经验的积累，人们逐步掌握了常规性的养殖饲养管理技术，从而进入了常规性的技术饲养管理阶段；随着畜牧业的不断发展，饲养管理技术日趋科技化，畜牧业进入科学养殖阶段。

3. 从业人数规律

全部农户从事养殖业→部分农户从事养殖业→专业人士从事养殖业。在畜牧养殖业的人数上，初始之时，几乎全部农户都搞养殖业；随着畜牧业的发展，部分善钻研、善总结、技术好的农户不断扩大养殖数量，成为养殖大户、专业户，少数不善饲养的农户逐步退出；再进一步发展，就是由少数善经营、技术高的专业人士进行科学养殖，以企业或企业集团的方式开展。

4. 品种发展规律

原始的无品种→选育单一品种→培养多元化品种。人们开始养殖时，不加选择，不存在品种；随后，人们开始从一群家畜中选择比较好的家畜饲养，这就出现单一品种的选育；随着养殖业的进一步发展，人们从不同地域的同一类家畜繁育出产出肉质优良、鲜美可口、适应性好、抗病力强、生长快的仔畜,开始出现家畜的品种培育、选育,使家畜的品种逐步向多元化、多用型发展。

5. 发展形式规律

发展→顶峰→下降→技术、品种更新→发展。起初,养殖业开始发展,养殖畜禽的数量不断增多,达到一定数量之后,不是由于市场价格下跌,就是由于疾病等原因,使养殖畜禽的数量减少,养殖业呈现萧条之态;开始技术更新,品种改良,市场情况看好,畜牧业重新发展,走向新的高峰。如此周而复始,使畜牧业不断向前发展。

6. 市场供求规律

(市场供应<市场需求)→快速发展→(市场供应=市场需求)→发展减缓→(市场供应>市场需求)→发展停滞→调整→(市场供应<市场需求)→发展。

当畜禽产品市场供小于求时,畜禽产品市场相对价格较高,利率较高,利润较大,畜牧业快速发展(图6-7);当畜禽及其产品市场供求相对平衡时,畜禽产品市场价格就相

图6-7 构树饲料正在走向标准化、构树畜禽产品正在走向品牌化、构树加工利用企业正在走向规范化

对稳定，利率趋衡，利润有所下降，趋于正常，畜牧业发展减缓；当畜禽及其产品市场供大于求时，畜禽及其产品市场价格就相对较低，利率较低，利润较少，甚至赔本，畜牧产业发展处于停滞或消退状态；通过调整，又开始新的一轮循环。

7. 节日效应规律

前期正常→中期（临近）价格上涨→过后价格下跌→价格回升趋于正常。

一般情况下，在节假日近前期畜禽产品市场价格要比平时高，利润较高；节假日过后一段时间畜禽产品价格会暴跌，利润极低，甚至赔本；稍后恢复正常，利润趋于常态化。

8. 疫病影响规律

疫病未发→正常发展→疫病初发→发展减缓→疫病流行→发展停滞→疫病消失→恢复发展→影响消除→快速发展。

未发疫病时，畜禽及其产品市场正常，畜牧业正常发展；当遇到畜禽疫病开始流行时，畜禽及其产品市场价格便会迅速下降，畜牧业发展减缓；在整个疫病流行期间，畜禽及其产品基本处于滞销状态，畜牧业发展停滞甚至倒退；疫病流行结束之后，畜禽市场价格便会逐渐回升，畜牧业处于恢复发展期，如果超过以前的价格出现暴利，畜牧业快速发展。

9. 饲料价格规律

料肉（蛋）价比低→产业快速发展→料肉（蛋）价比正常→产业正常发展→料肉（蛋）价比高→产业发展减缓→调整→料肉（蛋）价比低→产业快速发展。当料肉（蛋）价比低时，饲料价格下降时，畜禽及其产品价格却上涨，畜牧产业处于迅速发展期，其利润较高，甚至出现暴利；当料肉（蛋）价比正常，饲料价格较高时，畜禽价格相应较高，饲料价格低时，畜禽价格相应较低，畜牧产业处于常态发展，其利润处于一般常态；当料肉（蛋）价比高时，饲料价格上涨时，畜禽及其产品价格却下降，畜牧产业发展停滞不前，处于萧条时期，其利润微薄，出现亏损，甚至血本无归；通过调整，又开始新一轮循环。

10. 品牌品质规律

不求质量（无品牌）→重视质量（创品质）→质量第一（创名牌）。畜牧业生产由不求质量，没有品牌，单纯追求数量，逐渐发展到数量质量并重，并开始创建品牌，打造知名品牌。畜禽产品品质愈好，品牌的知名度越高，则价格愈高，知名品牌越多，畜牧业发展愈快；品质愈差，品牌知名度差，价格越低，知名品牌少，畜牧业发展缓慢。在正常情况下，无公害畜产品价格高于普通畜产品，绿色畜产品价格高于无公害畜产品价格，有机畜产品价格高于绿色畜产品价格。

(一〇〇)种养一体化或生态循环养殖是如何实现的？构树种植怎样在其中发挥作用？

自从工业革命以来，随着人类对农业产量的不断追求，化肥及农药进入生产环节并得到大量使用，对提高农作物产量上面确实发挥了积极的作用，但同时也带来生态环境破坏、农作物品质下降的负面作用，因此，要改变以往的种植习惯，建立现代农业体系，才能在提高产量和品质的同时不破坏生态环境，实现农业的可持续经营和良性循环发展，维护自然界的生态平衡。种养结合应势而生，已势在必行。

种养结合是一种结合种植业和养殖业的生态农业模式。养殖业是人与自然进行物质交换的极重要的环节，是利用畜禽等已经被驯化的动物，通过人工饲养、繁殖，使其将牧草和饲料等植物转化为动物能，为人类获取肉、蛋、奶、毛和药材等畜产品。种植业是农业主要的组成部分之一，是利用植物的生活机能，通过人工培育以取得粮食、副食品、饲料和工业原料。种养结合模式是将畜禽养殖产生的粪便、有机物作为有机肥的基础，为种植业提供有机肥的来源，同时种植业生产的作物又能够给畜禽养殖提供食源。种养结合模式能够充分将物质和能量在动植物之间进行转换及良好的循环。

具体实施可根据畜禽的种类，按照畜禽的营养标准和要求配置畜禽所需要的优质饲料。而饲料的种植不施化肥只施畜禽排出的粪便经过加工处理的有机肥，此模式能够保证畜禽所饲料无公害，因此生产的畜禽产品达到绿色食品标准。

构树作为木本饲料可以丰富畜禽的食物构成，其中构树饲料具有抗菌消炎的功效，可减少畜禽发病的概率，有利于无抗养殖；枝条及时收获和多次刈割，可减少枝条遭受病虫害的侵染和减少污染源，有利于有机种植；构树刈割后，打开了施肥的通道，有利于施肥的操作。构树是种养结合中值得推荐的理想树种。

附录 1　构树产业相关企业及产品介绍

中国扶贫开发服务有限公司

中国扶贫开发服务有限公司是由国务院扶贫办批准、由原中国扶贫开发服务中心改制成立，服务于中国扶贫事业的实体企业。公司成立以来，紧紧围绕国家扶贫事业的中心任务开展工作，以"产业扶贫"为主要工作方向，全方位参与中国扶贫项目建设，为中国扶贫开发提供服务。

公司的经营宗旨是：围绕国务院扶贫办十大精准扶贫工程，做实做强扶贫产业项目，为贫困地区产业发展搭建市场交易平台、金融服务平台、产业服务平台、规划咨询平台，整合资源，公益先行。

公司成立以来，已先后与全国大部分有贫困地区的地市建立了密切合作关系，并在光伏扶贫、旅游扶贫、电商扶贫、构树扶贫、现代农业开发、农业产业园区建设、农产品营销与物流、扶贫政策与资金对接等方面树立了公司的品牌，形成了独特的优势。先后与人民网舆情监测室共同发起成立了中国扶贫产业联盟；与中国林业科学院林业科学研究所共同发起成立了全国构树产业发展联盟。

公司官网：www.fupinkaifa.cn。

中科神构生态农业科技开发有限公司

中科神构生态农业科技开发有限公司现构树种植面积 1 350 亩，配有饲料加工机械和设备，2016 年加工构树青贮饲料 3 000 多吨，除自用外，还实现了外销；建有羊舍，存栏 1 000 多头羊，全部饲喂构树饲料；2016 年育苗基地面积 100 亩，配有高标准智能大棚

13 000平方米，年扩繁能力15 000万株构树容器苗，可实现周年供苗。

  地　　址：河南省长垣县
  联系人：张晓东
  邮　　箱：122765784@qq.com

柏乡县泰德隆农业科技有限公司

  泰德隆基地拥有千亩种植基地，其中构树种植面积200亩，育苗基地30亩，年供应构树苗100万株以上。兼营中草药、蛋白桑等。

  地　　址：河北省邢台市柏乡县槐东大街北段路西
  联系人：赵现涛
  邮　　箱：zhaoxiantao@126.com

北京天地禾木林业发展有限公司

  本公司现有林地850亩，其中构树种植面积250亩，育苗面积50亩，年生产构树容器苗800万株以上；建有育苗基质生产车间一处，年生产能力3 000万个；拥有省级审定（认定）构树新品种；配置有多种粉碎机、颗粒机、青贮裹包机。

  地　　址：北京市房山区琉璃河
  联系人：赵小五
  邮　　箱：952038924@qq.com

高阳县宏建构树种植专业合作社

本合作社从事青贮饲料加工利用多年，专业为大型牧业公司代收（机械采收）代贮（青贮），并与奶牛或肉牛企业亦已建立起紧密的合作关系。现构树种植面积600亩，基本实现构树产品自产自销。未来合作社将继续扩大生产规模，在机械化采收、构树饲料高效利用和市场开拓方面更上一个台阶。

地　　址：河北省保定市高阳县

联系人：刘春祥 总经理

海南中楮农牧生态科技开发有限公司

海南中楮农牧生态科技开发有限公司成立于2016年4月，注册资金2 000万元人民币，是海南省第一家，也是唯一一家种苗扩繁、种植、收获、加工、销售、全产业链公司，并建立了第一家中国林业科学研究院林业科学研究所博士工作站。公司依托中国林业科学研究院林业研究所的技术力量，是一家林业种植技术，生态畜牧养殖技术及生物饲料技术的研发、生物饲料生产、生态养殖为一体的全生态产业链经营企业，是产学研一体化高科技农业企业，致力于打造海南省构树"林、料、畜"一体化畜牧产业链先锋；以打造中国最优质的木本饲料为己任，立志成为中国最优秀的高品质构树行业的引领者。

江西大视野农业发展有限公司

江西大视野农业发展有限公司是一家专业以构树种植、构树种苗培育、构树植物蛋白

饲料研发生产、构树生态畜禽养殖及销售为主导产业的综合性农业产业公司。2015年6月，公司在上海股权交易中心成功挂牌，股权代码为206181。

江西大视野农业发展有限公司以建立科技创新型企业为根本战略，以打造中国构树植物蛋白饲料和生态畜禽产品领域的领航企业为宗旨目标，与中国农业科学研究院、中国林业科学院等机构进行构树产业合作开发。

公司在江西省彭泽县拥有种植基地1万亩、配套建有构树蛋白饲料加工厂和生态猪牛养殖基地。2016年已种构树2 000亩，使用自行改进的收割机完成了采收，并制成青贮饲料和发酵料；繁育苗木2 000万株，为明年扩大构树种植规模作好充分准备，逐步实现公司的宏伟目标。

康盛京构（北京）科技有限公司

位于北京市亦庄经济开发区科创14街99号汇龙森国际科技园29栋A座，公司负责人：李梦军。下设河南省焦作市和漯河市两个构树育苗和种植示范基地，已初步建立了一套完整的育—种—养构树全产业链。

本公司以王福喜教授技术团队为主，建立了生物研究院，并与与加拿大、中科院相关部门合作，联合开展构树产品的深度研发，目前开发出的产品有构树生物发酵饲料、欧米伽-3构树功能饲料及构树免疫功能饲料，拥有多项自主知识产权，并在生产中收到了很好的效果。公司的产品和经营模式将为养殖业提供品质上乘和安全放心的功能饲料，为消费者供应健康有益的肉蛋奶产品，增加农副产品的附加值，以及为实现构树可持续发展和脱贫致富成效提供技术支持。

附录 1　构树产业相关企业及产品介绍

山东汇发农业发展有限公司

山东汇发农业发展有限公司拥有现代化温控构树育苗棚 4 万多平方米，标准化构树育苗生产基地 2 000 多亩，构树生态养殖场 300 多亩，年繁育杂交构树苗 5 000 万株，年生产构树生态饲料 12 000 吨，年出栏生态黑猪 1 000 多头。

汇发农业实现了构树产业一体化，即构树科学育苗、有机种植、饲料生产、生态养殖、生鲜销售的全产业链的发展。

汇发农业建立了构树生态产品专卖品牌——甫乐优鲜，在诸城市设有实体店，为全市消费者提供生鲜产品，以冷链物流体系为全市消费者提供"1 小时，新鲜到家！"的配送服务。

山西科尔沁农牧业有限公司

本公司现有 3 个基地：(1) 清徐构树种苗生产示范基地，组培苗年生产能力 800 万株；种植构树 500 亩，扦插苗年生产能力 2 000 万株。(2) 阳泉、代县构树矿山修复示范基地，矸石山构树种植 1 000 亩，尾矿修复试验 50 亩。(3) 肉羊养殖示范基地，现已完成 1 000 只羊舍建设，购进波尔山羊 200 只。

2 个产业研发中心：(1) 构树产业研发中心，建有组培实验室、炼苗车间、栽培示范基地。(2) 构树饲料研发基地，开展了牛、羊、猪、鸡构树木本饲料试验研究；形成了牛、羊、猪、鸡的基本饲料配方，可小规模生产粉料、颗粒料，规模化生产发酵青贮饲料、构树农作物秸秆混合青贮系列饲料；完成了山西省《杂交构树饲料生产应用技术规程》地方标准的申报与审定。注册了"汉构"商标。

试验点建设：涉及 3 省 9 市 11 县，种植面积 1 100 亩，开展了山、梁、坡、塬、沟壑、旱地、水地布点试验，为构树的发展积累了经验。

地　　址：山西省太原市经济技术开发区南黑窑社区东西街 21 号

联系人：秦晓刚　　　邮　箱：sxkeerqin888@163.com

浙江衢州市召光农业开发公司

衢州市召光农业开发公司种植构树500亩，育苗面积48亩，配套建有构树饲料加工场、养猪场，初步形成构树生产的全产业链。公司经营构树种养10多年，积累了丰富的种植和养殖经验，目前正在进一步扩大生产规模，做成当地有影响力的构树创新型企业。

地　　址：浙江省衢州市浮石路72号

联系人：张正阳

北京艾比蒂生物科技有限公司

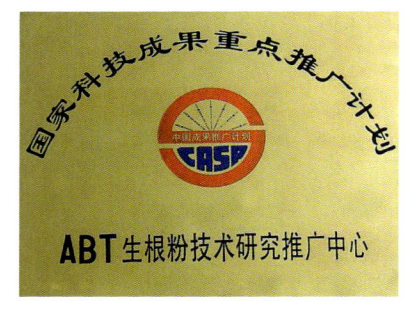

北京艾比蒂生物科技有限公司的前身是中国林科院ABT生根粉技术研究推广中心，是原国家科委挂牌的首批37个重点推广中心之一（ABT生根粉技术研究推广中心），1994年在中关村科技园区昌平园投资注册成立，是一家专业从事ABT生根粉、绿色植生长调节剂GGR系列产品的研究、开发、咨询、培训、制造、销售，以及植物无性繁殖与立体化工厂育苗，木本生物质能源与生物工程技术的研究为一体的国家级高新技术企业。

公司产品广泛用于农作物、蔬菜、林木、果树、花卉、药用植物和经济植物等，可浸种、拌种、浸条（根）、蘸条（根）、灌根、叶面喷施，能明显提高育苗造林成活率，促进苗木生长、提高农作物产量、质量，并增强抗逆性。应用植物1582种（品种），ABT生根系列产品先后获国家科技进步奖特等奖、林业部科技进步奖特等奖等8项科技奖励。

公司目前在北京昌平有母树10亩，自动控制的育苗阳光温室1300平方米，组培室300平方米，在邢台组培室1000多平方米，主要从事扦插和组培繁殖，及相关技术的培训与技术指导。

联系人：贾仕军　　网　　址：www.china-abt.cn

附录2　构树其他产品介绍

附录2-1　构树古法造纸主要流程的图示

附录 2-2 构树在石漠化地区生长情况图示

附录 2-3　与构树有关的副食品图示

参考文献
REFERENCES

曹宁贤.2008.肉牛饲料与饲养新技术[M].北京：中国农业科学技术出版社.

陈惠敏.1999.构树纤维理化性能初探[J].北京纺织(20):35-36.

陈随清.2006.构树叶对大鼠前列腺炎模型的影响[J].中药药理与临床(22)：110-111.

戴新民.1997.楮实对小鼠学习和记忆的促进作用[J].中药药理与临床(13)：27-29.

刁其玉，屠焰，陈群.2013.农作物秸秆养牛手册[M].北京：化学工业出版社.

邓华平.2008.林木容器育苗技术[M].北京：中国农业出版社.

丁菲，杨帆，李德龙，等.2010.构树解剖结构特征与抗旱性研究[J].安徽农业科学，(38)：20949-20952.

丁强.2012.盐碱地绿化优秀树种——构树引种试验[J].现代园艺(2)：4.

方栋龙.2005.苗木生产技术[M].北京：高等教育出版社.

黄宝康，秦路平，郑汉臣，等.2002.中药楮实子及其原植物的本草考证[J].中药材，(25)：356-358.

黄华明.2010.水分胁迫对构树生理及形态的影响[J].安徽农学通报(上半月刊)(16)：52-53.

胡杰.2015.盐胁迫下杂交构树蛋白质组学研究[D].重庆：西南大学.

康薇，鲍建国，郑进，等.2014.湖北铜绿山古铜矿遗址区木本植物对重金属富集能力的分析[J].植物资源与环境学报(23)：78-84.

赖晓莲，郭圣茂，殳颖婷，等.2010.构树光合速率日变化及其影响因子的研究[J].安徽农业科学(38)：12 044-12 046.

李华西.2007.构树及其开发利用[J].河北林业(1)：36-37.

李军.2014.轻松学养奶牛[M].北京：中国农业科学技术出版社.

李绍钰.2014.奶牛标准化生态养殖关键技术[M].郑州：中原农民出版社.

李艳芝，李茜，王彦超，等.2010.构树叶对蛋鸡生产性能及蛋品质的影响[J].中国家禽(32)：26-29.

李艳芝.2000.构树叶对蛋鸡生产性能及蛋品质的影响[A];中国畜牧兽医学会2010年学术年会[C].

林文群，刘剑秋.2000.构树种子化学成分研究[J].亚热带植物科学(29)：20–23.

刘虹，王阳，廖一颖.2009.构树花部结构与传粉机制[J].中南民族大学学报(自然科学版)(28)：31–34.

刘天蓉.2014.日本和纸技术申报世界非物质文化遗产成功[J].纸和造纸(33)：73.

龙李文.2012.深山里的"活化石"——记鹤庆白族民间手工造纸[J].云南档案：22–24.

芦文娟，周文美，曾艳等.2010.构树雄花序一般营养成分的测定[J].贵州大学学报(自然科学版)(27)：86–87.

米允政.1958.构树叶是喂猪的一种好饲料[J].畜牧与兽医(5)：257.

秦路平，杨庆柱，辛海量.1999.构树的本草考证及其药用价值[J].药学实践杂志(17)：254–255.

孙华.2015.二氧化硫胁迫对园林植物生长和叶片含硫量的影响[J].山东农业大学学报(自然科学版)(45)：4.

孙华，李海军，彭先文，等.2011.构树叶粉饲用价值的初步评价[J].安徽农业科学(39)：168–172.

孙悦，李昕，毛俏婷，等.2015.济南市常见乔木滞尘能力研究[J].山东林业科技(16)：22–25.

沈世华，邓华平.2016.构树栽培及饲用技术[M].北京：中国农业科学技术出版社.

田波.2014.中国饲料产业发展现状与市场整合及政策建议[J].农业现代化研究(35)：20–24.

陶兴无.2006.构树叶发酵工艺及饲喂生长猪试验[J].武汉轻工大学学报(3)：5–7.

童方平，龙应忠，杨勿享，等.2010.锑矿区构树富集重金属的特性研究[J].中国农学通报，(26)：328–331.

屠焰，刁其玉，张蓉，等.2009.杂交构树叶的饲用营养价值分析[J].草业科学(26)：136–139.

屠焰.2010.充分利用木本植物饲料为养羊业提供丰富的饲料资源[A];中国畜牧兽医学会养羊学分会全国养羊生产与学术研讨会议论文集[C].

王春莹.2015.构树栽培管理[J].中国花卉园艺(2)：54–55.

王定胜，黄建庭，乔其川，等.2009.光叶楮树叶青贮饲料生产技术研究初报[J].江苏林业科技(36)：34–35.

王凤英，张闯令，张文卓.2011.黄色叶构树的选育及应用[J].农业科技通讯(5)：191–193.

王金山，刘金升，彭献军，等.2014.杂交构树在滨海盐碱地生态绿化中的应用[J].天津农业科学(20)：95–101.